WORLD CITIES CULTURE REPORT

世界城市文化报告
2012

[英]罗伯特·保罗·欧文斯（Robert Paul Owens）等 著
黄昌勇 侯卉娟 章超 等 译
郭梅君 黄海 等 校

同济大学出版社
Tongji University Press

图书在版编目（CIP）数据

世界城市文化报告. 2012 /（英）欧文斯等著；黄昌勇等译.
-- 上海：同济大学出版社，2013.8
书名原文：World cities culture report 2012
ISBN 978-7-5608-5259-1

Ⅰ. ①世… Ⅱ. ①欧… ②黄… Ⅲ. ①城市文化—建设—研究报告—世界—2012
Ⅳ. ① C912.81

中国版本图书馆 CIP 数据核字 (2013) 第 184157 号

本书中文翻译版权得到 ⓒ Mayor of London 授权
原书号 ISBN: 978-1-84781-515-6

世界城市文化报告 2012

[英] 罗伯特·保罗·欧文斯（Robert Paul Owens）等著
黄昌勇　侯卉娟　章　超　等译
郭梅君　黄　海　等校
责任编辑　曾广钧
装帧设计　润泽书坊
责任校对　封　云
出版发行　同济大学出版社
　　　　　（上海四平路1239号　邮编：200092　电话：021-65985622）
网　　址　www.tongjipress.com.cn
经　　销　全国各地新华书店
印　　刷　上海丽佳制版印刷有限公司
开　　本　787×1092mm　1/16
印　　张　12.5
字　　数　321000
版　　次　2013年8月第1版
印　　次　2017年11月第2次
书　　号　ISBN 978-7-5608-5259-1
定　　价　168.00 元

目 录

中文版序言	001
伦敦市长序言	003
摘 要	005
导 言	015
世界城市与文化	020
世界不是平的	021
文化是什么？	022
世界城市如何塑造文化	025
活力	025
规模	026
多样性	026
世界城市的文化战略	028
挑战与应对	029
数据告诉我们什么	032
报告中的城市	033
关于数据	034
研究的下一站在哪里？	037
文化遗产	038
阅读文化	043
电影和游戏	046
表演艺术	049
创意人才	053
文化活力和多样性	055
小结	058
城市肖像	062
伊斯坦布尔	063
约翰内斯堡—高腾	069
伦敦	075
孟买	081

纽约	085	
巴黎	089	
上海	093	
悉尼	097	
东京	101	

附录1：世界城市的遴选　　　　　　　　　104
附录2：数据表　　　　　　　　　　　　107
　　世界城市文化基础设施和产出　　　　108
　　世界城市文化消费和参与　　　　　　129
　　世界城市基础数据　　　　　　　　　138
附录3：数据表（英文）　　　　　　　　149
附录4：世界城市（上海）文化论坛　　　190
附录5：政策问题列表　　　　　　　　　192
鸣　谢　　　　　　　　　　　　　　　　193
译后记　　　　　　　　　　　　　　　　194

正文数据表

　　表1 城市定义　　　　　　　　　　　033
　　表2 文化遗产　　　　　　　　　　　038
　　表3 阅读文化　　　　　　　　　　　044
　　表4 电影和游戏　　　　　　　　　　044
　　表5 表演艺术　　　　　　　　　　　050
　　表6 创意人才　　　　　　　　　　　050
　　表7 文化活力和多样性　　　　　　　056
　　表8 世界城市的遴选　　　　　　　　105

中文版序言

非常高兴能由我来介绍中国版《世界城市文化报告2012》，这本报告集合了有史以来最为全面的世界上多座伟大城市的文化生活。

《世界城市文化报告2012》是作为庞大的全球性多边政策的一部分，强调在未来繁华的人口增长地带，文化所扮演的重要角色。这是庆祝世界城市作为创意与尝试的熔炉，也是对于城市文化政策讨论与城市决策者如何建立未来战略所寻找坚定依据的回应。

现今，世界上一半以上的人口居住在城市里。尽管不如国家政府的城市政府已开始制定政策并指导面向未来成功方向的投资。这就是对于文化的投资，就如同对房屋、交通或基础设施的投资。当然，文化并不仅是简单的设施与服务。文化是重要的资源，它赋予城市与众不同的个性，创造出令人兴奋的感觉与各种可能性，孕育着新的想法，吸引着各路人才。无论是在当地还是世界范围内，城市里发生的林林总总将与日俱增地影响着文化的发展。

世界城市文化的倡议原本诞生于中国，是一位为伦敦市长工作的经济学家与一位上海市政府顾问之间对话的结果。这也促使了2008年在伦敦出版的《伦敦：一项文化审计》，其中包含了伦敦、纽约、巴黎、东京、上海五个城市。这份报告塑造了伦敦的文化战略，同样也引发了世界关注，很快被译为九种语言。世界范围的关注促使了更多城市的参与，也促进了更加紧密的合作，这也为国际政策的交流与讨论提供了机会。这项合作成果就是读者目前拿在手里的本书，包含着来自12个城市的数据、评论与观测报告。

作为《世界城市文化报告2012》发起方的负责人，我想向所有参与编写报告的城市代表致以深深的感谢，感谢他们为项目热心地投入与贡献。建立合作关系与编写报告的过程是一个令人激动与鼓舞人心的经历，我们找到合作城市中的许多不同，当然它们也有许多共性。这些世界城市都面临着相似的挑战，无论是在推动就业率的增长，建立交流或是发展自身的国际声誉，都需要寻找到未来战略发展中的文化定位。

这本报告作为2012年奥运会与残奥会的一部分，与曾经在英国举行的规模最大的文化节并行，在伦敦举行的"世界城市文化峰会"上发布。我们对于伦敦副市长莫尼拉·玛莎（Munira Mirza）女士与大伦敦市政府文化战略部部长贾斯汀·西蒙斯（Justine Simons）为报告在伦敦发布的组织与举办表示衷心的感谢！

伦敦塔桥边的泰晤士河上的奥运五环，摄影：柯伊斯·米亚（Kois Miah）

我也要特别感谢我们的同事与合作者、上海戏剧学院院长黄昌勇教授。其他合作城市的文化官员和专家非常荣幸地作为上海戏剧学院大都市文化观测研究中心（MCAC）在2012年4月举行的世界城市（上海）文化论坛的嘉宾，访问了上海。黄昌勇教授与他的团队，在早期阶段所表现出的国际视野，为随后的成功奠定了坚实的基础。

我们希望这份报告能为中国的领导人与决策者提供一些参考。在未来的计划中，我们会邀请更多的城市参与，共同关注中国与世界其他地区的更多问题。

罗伯特·保罗·欧文斯（Robert Paul Owens）
《世界城市文化报告》负责人

伦敦市长序言

我非常高兴地看到《世界城市文化报告2012》出版,这是迄今为止在同类报告中最为全面的一份文化报告。报告将柏林、伊斯坦布尔、约翰内斯堡、伦敦、孟买、纽约、巴黎、圣保罗、上海、新加坡、悉尼和东京等12个城市汇聚在一起,进行一次前所未有的全球合作,以研究世界城市文化的特点和重要性。

今天这份报告的基础是2008年成功发布的《伦敦:一项文化审计》。那份报告对其中五座城市做了研究,被翻译为数国文字,并且有助于塑造伦敦的文化战略。相比之下,《世界城市文化报告2012》更具雄心。这次我们希望将更多城市纳入其中,采取了一种协作性很强的方式,为国际政策的交流与讨论提供机会。因此,在2011年秋天,我邀请了全球一些最伟大的城市加入这项倡议。

但是,为什么我们对文化在世界城市中的作用如此感兴趣呢?这份报告主张了我们这些城市的活力、规模和多样性,让我们成为全球文化的中心枢纽。我们有能力在广度和深度上让其他城市都无法与之相媲美的文化活动,相应的,这就意味着与其他地方相比,我们这些城市更有驾驭文化的力量,从而为更广泛的社会和经济目标做出贡献。

通过这个项目,我们发现这些城市拥有的共同点要比我们可能想到的更多。这份报告表明,我们认识到文化对于我们的成功有多么重要——文化让每座城市与众不同,并赋予我们独特的风格。无论创意产业在伦敦或巴黎推动就业和经济增长方面的作用,还是在约翰内斯堡或上海连结各个社会群体方面的作用,抑或是在维护纽约的国际声誉方面的作用。文化也是我们如何应对未来挑战的核心。

《世界城市文化报告2012》在与2012年伦敦奥运会和残奥会同时举行的伦敦峰会上进行发布,完全是深思熟虑之举。举办奥运会是伦敦的荣幸,而伴随着这个世界级的体育盛事,伦敦也展示了这座都市所见证的规模最大的文化盛典。这份报告表达了我们对文化的价值的信念。

我希望,一个新的"世界城市文化论坛"将脱胎于伦敦峰会而诞生。在这个平台上,各城市能够定期相聚,分享彼此的洞见,并寻求更为紧密合作的新途径——这才是与伦敦奥运会相称的遗产。

我要向在此过程中,所有城市的合作者和参与者表示感谢,同样也感谢大力支持本项目的伦敦文化战略小组,以及本项目的协调机构BOP文化创意产业咨询公司,他们和我们共同描绘出了关于文化在我们城市中的重要性,这里一幅激动人心的画卷。

我推荐此份报告,而且确信它将获得应有的成功。

鲍里斯·约翰逊(Boris Johnson)
伦敦市市长

索韦托剧院（Soweto Theatre），约翰内斯堡（Johannesburg），摄影：彼得·哈萨尔（Peter Hassall）

摘 要

《世界城市文化报告2012》中的城市：柏林、伊斯坦布尔、约翰内斯堡、伦敦、孟买、纽约、巴黎、圣保罗、上海、新加坡、悉尼和东京。

《世界城市文化报告2012》是由伦敦市长办公室发起的、关于城市的文化和未来的一项重大的全球性倡议。它是对世界城市作为人类创造力和努力的熔炉的一次赞颂。从古代雅典、文艺复兴时代的佛罗伦萨和伊丽莎白一世时代的伦敦，到现代纽约的百老汇或是孟买的宝莱坞，城市一直是文化发展和前进的地方。

本报告对世界上12个最伟大的城市的文化供给进行了考察。它收集了60个文化指标方面的数据，评估了文化的供给与需求，并对这些城市的文化决策者的思想做了报道。从这些城市采集到的文化数据的详尽程度是史无前例的，代表了本项研究的初期成果。

然而，使得本项目更有价值的，是它对这些世界城市文化决策态度的探讨。所有城市都理解文化为城市经济和社会发展做贡献的潜力，但文化依赖于每一个地方的特性以不同的方式发展。将对决策者的优先事项的分析与数据相结合，可以给文化在世界城市中的作用和价值描绘出一个更为全面的景象。

在编制本报告的过程中，我们更深入地考察了此项研究。然而，有一些信息还是清晰地呈现出来了，即世界城市在文化方面的重要性，与它们在金融和贸易方面的重要性等同。

凭借其规模、活力和多样性，本报告中的世界城市成为最有能力支持最广泛的文化活动的城市。大量的观众（包括市民和游客）和强大的私有企业部门（艺术资助和创意产品市场的双重来源）意味着世界城市能够"专攻"文化，支持文化基础设施中高昂的固定成本，以及委约、发行、管理和制作等其他"软性"文化基础设施。自身的多样性允许世界城市支持多种不同的艺术形式，而它们的活力——不断变化的人口和国际联系，使得世界城市成为新的文化理念和知识的枢纽，以及在各种理念交融时创造出的"杂交"的艺术形式的伟大中心。本报告的研究结果表明，世界城市在全球文化中发挥了至关重要的作用。

文化位于世界城市公共政策的中心

这些城市的决策者们将文化视为实现城市治理的优先事项和战略中心。纽约在这方面做得很好，建议在所有的领域中将文化列为"第二战略"；城市会有一个直接解决问题的战略，同样总是会有这样一个认识，即文化也发挥着重要的支持作用。在约翰内斯堡，讲述南非所有民族历史的新传统基础设施的发展，加强了"后种族隔离"时代建设社会和群体凝聚力的努力。上海是一个难以置信地迅速变化的城市，在这个非常不同的语境里，文化被视为凝聚力的源泉。与此同时，在东京文化被视为对2011年大地震引发的挑战的一个重要回应，大地震导致日本人民深刻反思国家未来发展方向。

在这些城市中，文化在支持经济战略中的作用也得到认可。在伦敦和巴黎，创意产业被视为在经济困难时期创造就业和增长的潜在源泉。在城市再造进程中，文化活动同样是一个重要工具——纽约强调了文化在帮助复兴破败地区中的重要性。

在全球化的世界里，文化赋予世界城市独特的吸引力

在全球化时代，在争取成为跨国公司总部，或者争取国际重要赛事和重大文化活动的主办权等方面的竞争，越来越多的是在世界城市之间进行，而不是在世界城市与所在国其他城市之间进行。文化实力和经济成就日益被视为是相互关联的。那些在历史上做出重大文化贡献的城市，如伦敦、纽约、巴黎等，将文化视为它们经济实力的重要组成部分。这表现在两个方面：

首先，作为文化的商业形式的创意产业，在大城市的经济中所占的份额很大且不断增长。鉴于金融或公共服务等其他经济部门面临着的挑战，文化领域和经济领域的决策者们均需要更好地认识到，创意产业是创造就业、出口、税收的一个重大来源。

文化对城市经济的第二项贡献，则可能是更根本的。在使一座城市吸引受过教育的人才，进而吸引那些试图雇佣他们的企业方面，以多样化形式存在的文化居于核心地位。在全球化的知识经济时代，拥有受过良好教育的劳动力是成功关键，这些工作者需要富有刺激、有创造性的环境。从合作城市的回馈中可以清晰地看到，他们充分意识到文化在自己的城市吸引"人才"方面的作用。于是，丰富而充满活力的文化也成为经济成功的间接来源。

这一观点也得到来自新兴经济体的城市的认同，无论在上海、伊斯坦布尔，还是圣保罗，人们都有一个信念，即文化将有助于决定他们所在城市未来的经济成功。

上海戏剧学院时尚秀，《着色》摄影：刘佳奇

"世界城市文化论坛"的启动

将这些城市聚集在一起讨论和分享理念与经验本身就是一个成就,这将给与会城市带来很大的共同利益。虽然每个城市的文化都鲜明而各具特点,例如,悉尼悠闲的户外文化很大程度上受到城市的气候和自然美景的影响;东京是由日本社会中深刻的平等主义特征塑造而成,但是他们有不少知识和经验可供分享。人们已经达成构建一个"世界城市文化论坛"的共识,并为这项工作提供一个更为持久的基础——即相当于20国集团(G20)的世界城市在文化领域的一个论坛。论坛的目标是:

● 强调文化对世界城市的经济和社会成就的关键性贡献

● 就文化影响世界城市及其居民的种种方式,建立一个依据数据库

● 通过考察共同面临的挑战与困境,以及比较文化投资发展的不同途径,促进各个城市之间相互学习

● 为世界城市制定一个未来文化研究的议程

论坛议程正在商议中,大致包括:

● 一个分享和传播数据、信息和有效实践的在线平台(www.worldcitiescultureforum.com)

● 举办年度大会/高峰论坛,由会员城市轮值主办,每次聚焦于某一特定主题

● 编制《世界城市文化报告》,每三年出版一次,作为数据和有效实践的纲要

● 正在进行的一系列合作研究、重大决策和出版物

在2012年伦敦奥运会和残奥会举办期间的8月盛夏,"世界城市文化论坛"将在伦敦市长峰会上由参与本报告的合作城市共同启动,但其他重要城市也可以加入论坛。

阿塞洛·米塔尔轨道塔，一个融艺术、建筑和工程于一体的独特作品，为伦敦的天际线提供了一个新的标志性景观。它是由雕塑家安尼施·卡普尔（Anish Kapoor）和结构建筑设计师塞西尔·巴尔蒙德（Cecil Balmond）合作设计，由阿塞洛·米塔尔（Arcelor Mittal）钢铁公司赞助，摄影：伦敦遗产开发公司

城市

本报告包括了9个城市的系列肖像，每个肖像都探讨了政策发展和相关的议题。很多城市面临三个首要的挑战：第一，努力使现代性与传统取得平衡，确保两者都得到重视；第二，在全球化的世界里保持地方性和独特性；第三，找到将文化基础设施和文化参与率进行联系的方法，为艺术作品拓展观众群。每个城市都有一些重大的机遇，也面临一些更具体的挑战。

伊斯坦布尔

伊斯坦布尔历史悠久，建筑资源丰富，但在某些方面却是一座非常现代化的城市——在近几十年里，（经常是来自农村地区的）国内迁徙使得它的人口激增。这座城市所面临的挑战包括如何提升文化参与率，尤其是来自农村的移民和这座城市的边缘地区人口的文化参与率，以及如何最大限度地利用这座城市的文化遗产和旅游潜力。这座城市的优势包括它的年轻而充满活力的人口，以及快速增长的经济。伊斯坦布尔的决策者渴望把这座城市定位为一座文化之都，同时也是一座世界之城。

乔拉博物馆，伊斯坦布尔　摄影：塔赫辛·阿亚道格幕斯（Tahsin Aydogmus），由伊斯坦布尔文化和旅游理事会提供

约翰内斯堡（高腾省）

约翰内斯堡仍需努力解决种族隔离制度所遗留的问题。它已经开发出新的文化传承领域来更为诚实地讲述南非的故事，现在则转向如何扩大参与率和增长文化受众的问题。

约翰内斯堡拥有的发展可能性众多，使之可能成为一种不同类型的世界文化城市。由尼日利亚电影业首创的"诺莱坞"（Nollywood）模式，以廉价而批量生产的文化产品来满足本土或非洲大陆的观众，可能为约翰内斯堡的创意产业提供一个范例。这可能有助于这座城市发展一种独特的非洲文化模式，与至今仍然盛行的西方文化模式相颉颃。

伦敦

无论用哪一种标准来衡量，伦敦的地位都举足轻重。它拥有大量传承下来的文化基础设施，以及较高的参与率和观众出席率。然而，英国发觉自身陷入了越来越严峻的经济环境中，处于公共支出与个人消费的双重压力之下。文化创意产业拥有一个将伦敦变为更具吸引力的生活、工作、投资和旅游之地的良机，以更广泛地支持经济增长，帮助经济恢复平衡状态。2012年夏天主办的伦敦奥运会和残奥会也为获得一个长期的文化遗产提供了良机。

孟买

孟买是一个贫穷却快速成长并充满活力的城市。就传统意义上而言，其现在的文化供给是很弱的，比如文化基础设施相当匮乏，但宝莱坞的巨大成功展现了其文化上的可能性。这座城市能否效仿宝莱坞的模式，创立一个成功的创意产业部门？建立文化供给是否还有诸如数字技术（印度的主要优势）等其他选择？

纽约

在纽约，文化被视为它世界级城市地位的可见展示。纽约的任何地方都反映出其极为丰富的文化供给：在其各个市镇里，文化都是这座城市的标志性产业。文化也被视为经济成功的关键，有助于吸引来自世界各地的人才和游客。虽然纽约面临着预算上的压力，但决意继续支持文化，尤其是通过公私合作模式加以支持。

巴黎

巴黎正在为新一代的（多元文化的）市民寻求"生活艺术"（art de vivre）之道。巴黎虽然以其文化遗产而自豪，但它仍希望避免让巴黎成为"露天博物馆"，而且为了保持这座城市文化生机和时代感，巴黎在边缘地区兴建了新的设施，接纳了新的非主流艺术形式。同样强调创意产业对于城市未来的经济价值。

上海

上海是世界上崛起最快国家的最大城市。它对于文化发展采取了雄心勃勃、规划先行的途径，兴建了新的重大基础设施来发展文化创意产业，目标是在2020年建设成为世界文化重镇。但上海在文化领域的参与率方面暂时落后。

如果上海的文化实力欲与其经济实力比肩，这座城市将不得不克服一些挑战。其中包括人口的迅速老龄化，多样性的缺乏（例如，这座城市中国际留学生相对较少），以及需要进一步拓展其艺术人才基础。

悉尼

悉尼是一个规模中等的世界城市，这就意味着在某些领域中，悉尼的基础设施不如一些规模更大城市的健全。它在其特别丰富的非正式文化上弥补了以上的缺点，例如，节庆活动是悉尼的一个巨大优势。这座城市还得益于气候和自然美景，营造出轻松、欢快、包容性强的文化。悉尼还试图通过更加关注澳洲土著居民和托雷斯海峡岛民文化来拓宽这种包容性。

东京

东京的独特性来源于其平等主义的文化，表现在创作者和消费者之间的边界很模糊，而且"高雅"文化与"通俗"文化之间的区分也不明显。虽然这座城市在表面上可能并不显得特别多元化，但事实上它有许多不同的文化，而且时常与特定地区相关。东京在文化基础设施和参与度两方面均较强大。

近些年来，日本社会所面临的困难——经济增长缓慢，尤其是2011年日本大地震和海啸的后果——致使人们重新评估其价值观，而在东京为应对这些挑战所作的努力中，文化日益被视为重要的组成部分。

小结

本报告首次将丰富的数据与如此深入的政策分析相结合，它表明文化对世界城市的繁荣昌盛至关重要。希望这份报告有助于在文化领域制定出更为有效而健全的政策与战略。

卡地亚基金会展览，巴黎　摄影：卡琳·卡莫（Carine Camors），法国城市规划研究所提供

导　言

　　人们习惯地认为世界城市是全球经济体系的枢纽：它们是金融中心、贸易中心和政治权力的来源。但是，世界城市同样也是文化的发电站。世界城市擅长于一系列正式的和非正式的艺术形式，并拥有多样和高品质的各种设施，规模小一些的城市难以与之相比。世界城市拥有大量多元化的文化观众，吸引着来自世界各地的人们，而这些来访者也带来他们自己的文化，为城市文化组合增添了元素。

　　很久以来，文化的内在价值和社会价值都已得到认同。然而，在过去的 30 年里，一种新的文化观崛起了，文化日益被视为经济增长的驱动力。一系列新情况导致文化的价值成为城市发展的焦点。这些新情况包括：技能和创造性比原材料更重要的知识经济的崛起；文化及城市旅游的增长；"创意产业"范式的出现；理查德·佛罗里达（Richard Florida）、查尔斯·兰德利（Charles Landry）及其他学者的理论都强调了文化在城市吸引企业方面的作用；古根海姆博物馆对于西班牙毕尔巴鄂市的城市再造的贡献等。这种观点认为文化在刺激城市经济与社会的长期发展中起到关键作用，这种作用与其说是通过创造短期经济回报（尽管这些可能会发生），不如说是通过塑造一个场所与社会空间感，提高城市对于受过教育的劳动力，以及试图雇佣他们的企业的吸引力。

　　过去几十年，城市排名也反映了这一点。作为关于城市经济竞争力讨论的一部分，大多数此类比较标准至少包括一个文化在城市生活中的作用的参数。然而，这些评估标准往往过分简单化，而且仅以少数指标为基础。例如，《外交政策》杂志的"全球城市指数"最初只用了五项指标来测算其 2008 年度的文化经验分值。这些排名也不是为了给文化政策的制定提供信息，因为它们并非基于对文化在城市中发挥作用的方式的理解。

文化对大城市经济与社会生活的贡献是一个值得更加系统地研究的课题。《世界城市文化报告2012》正是致力于此项研究，并提供空前详细的资料。文化是多维度的，也是多层次的；任何一项认真的分析都不会将城市文化简化为单一的总体的"分数"或者排名。对城市文化的比较是有价值的，因为它能帮助我们更了解它们的相同点和不同点、各自的相对优势，以及对文化在城市生活中的作用的不同看法。要让这种比较有意义，有必要观测更多种类的数据，以理解范围更广的文化活动。《世界城市文化报告2012》正是这样做的，报告考察了大约60个指标，包括正式文化，即发生在诸如博物馆、剧院和画廊等常设的"文化"场地的活动，以及非正式文化，即发生在诸如酒吧、俱乐部、餐馆或户外等其他场所的活动，如艺术节等。本报告还观测生产、消费和文化基础设施方面的数据。

本报告中的世界城市非常多样。一些来自发达国家，另一些来自新兴经济体；一些是帝国首都，另一些由殖民者建立；一些是古城，另一些是新城；一些是国家首都，另一些则不是。这些城市入选本报告的原因是它们在未来几十年有助于塑造世界方向，而且它们都有意愿加强文化的作用。

四十多年前，简·雅各布斯（Jane Jacobs）将如她自己所在的格林尼治村（Greenwich Village）那样的多样性城市地区赞颂为能让个体的创造力在宽容的氛围中勃发的地方。这样的地方位于世界城市文化贡献的核心。然而，这并不意味着这些地方就没有挑战。可持续性就是个问题，丰富的文化并不保证能够抗击经济下滑或社会消沉。但在世界城市中，我们确实是站在巨人的肩膀上。我们继承了过去的文化，又将活力和时代潮流注入其中。

本报告分为三个主要部分：
- 文化在世界城市中的作用
- 数据告诉我们什么
- 城市肖像

随后的附录是详尽的数据指标，其中，这些部分提供了世界城市在文化方面空前详细的资料。

演出开始，伦敦2012节日 摄影：©Martyn Rourke

世界城市文化报告 2012 | 017

印度色彩节（Holi Festival），孟买，塔塔社会科学研究院，阿布杜尔·沙班（Abdul Shaban）提供

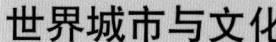

世界城市与文化

世界不是平的

全球化的流行叙述假定：随着电讯、空中旅行和英语的持续传播使不同地方在表面上看起来相似，世界正在变得"扁平化"和更加同质化。降落到世界某一个主要机场，映入眼帘的是一系列熟悉的广告牌，这种经历就像美国小说家唐·德里罗（Don DeLillo）所说的"飞行时差的通用世界语"（the Esperanto of jet-lag），诱使我们认为距离和差异性已经被擦去了。

但是，世界并不是扁平的，距离也并没有消灭。最近的联合国报告已确认，过半的世界人口居住在城市地区，城市人口的比重正在快速增长，尤其是在发展中国家（the Global South）。一些人不太情愿地来到城市，只因为受到城市里有更大的经济机会这一古老原因的驱使；另一些人来到城市，是因为如同中世纪的欧洲人所指出的——"城市让你自由"，与你已经放弃的机会相比，城市敞开了更大的机会之门。还有一些人在全世界巡游，不停地寻找新的地方投资、安家、创业。电讯、旅游和教育，似乎是巩固而非削弱了城市在世界经济中的主导性。

但是城市之间还是存在差异，和它们的乡村内陆地区也不相同。甚至表面上相似的"世界城市"也保留了自身的独特性。为什么？因为文化。贸易、商业和金融将世界城市彼此相联，而文化则让它们彼此不同。虽然，世界城市被嵌入理念和知识的全球网络，它们的地方文化（和文化生产者们）却将这些外在影响转变为一些独特的事物。

这份报告聚焦于12个通常被认为是文化领导者的世界城市。需要说明的是，这份报告并不是说这12个城市一定是世界上在文化方面最重要的城市——比如，报告包含的每一个国家里，只有一个城市被包括在内；它也不是一份排名。报告的目的不是说哪些城市目前处于"顶级"的位置，更不是规定世界城市在文化方面应该做什么。反之，报告是为了试图理解文化在成功的世界城市里所起的作用。

这12个城市里的任何一个都不能以简单的一句话来概括：并没有单一的"节日之都"、"电影之城"或是"流行音乐之都"。虽然，很多其他规模更小的城市试图通过在一个特定的领域展现它们的实力来进行自身定位（比如联合国教科文组织UNESCO组建的创意城市网络聚集在一起的一些城市），这份报告中的世界城市则包含了更多面向。所有这些世界城市都提供音乐、电影和节庆活动，都有音乐厅和画廊，都有大量的、数量不断增加的非正式文化场景（informal cultural scenes）与城市文化互动并更新城市文化。尽管人们总在谈论城市间的竞争，各个世界城市独特而多元的文化，在某种意义上，是互补的。比如，纽约的文化丰富性的实现并非以东京的文化丰富性为代价——实际上，它们可能互相依存。

文化是什么？

学者、批评家雷蒙德·威廉斯（Raymond Williams）有这样一个著名的论断："文化是英语中最为复杂难解的两三个词语之一。"可以补充的是，无论人们选用哪种语言，文化都是一个复杂的主题，如同联合国教科文组织在《2001年文化多样性世界公告》中所说明的那样：

> 文化应当被认为是某一社会或社会群体所持有的一套独特的精神、物质、智力和感情特征。除了艺术和文学，它还包括生活方式、群居方式、价值体系、传统和信仰。
> ——联合国教科文组织

在这个定义中，我们有可能了解威廉斯对文化这个术语的三种不同的但相互关联的用法的辨析：文化作为审美样式和实践，文化作为生活方式，以及文化作为支持人类发展的资源。

这份报告试图以上述多维度的含义表现文化。但有一点可能是不可避免的，那就是如同本报告的统计学运用，能更好地表现更加有形的和实体性的文化形式，而不是那些无形的文化形式。

伊斯坦布尔Hagia Irene教堂，现用于文博展览和音乐厅，由伊斯坦布尔文化和旅游理事会（Istanbul Directorate of Culture and Tourism）提供

世界城市如何塑造文化

这12个世界城市是全球性的文化枢纽，并不是因为它们的文化活动的份额最迅速地增长——事实上，在一些规模较小的城市或集镇，增长速度会更快——而是因为这些城市能承担得起"专门经营"文化的任务，提供委约、发行分销、管理和其他专业功能的基础设施，使这些部门能够让它们的产品进入市场。在这些城市中，三个要素塑就了文化特征。

活力

世界城市是富有活力、总在变化；文化就像牡蛎中的砂砾（因此最后会变成珍珠）。伟大的城市不是一个结果，而是一个过程，并且能够再造自身。新人的不断涌入给世界城市带来新的理念和人才，这种变化的过程对于世界城市的未来至关重要。在城市之间、产业之间、正式和非正式的文化之间、以营利为目的和不以营利为目的的活动之间，创造新的联系的能力是城市可持续性发展的关键因素。城市面临的挑战就是要理解这个过程所产生的文化变动不居的本质，并培育文化的成功。

文化也影响非文化的活动。比如，设计是产品差异化的关键。人们在多样广泛的技术平台上体验文化内容的方式与文化消费相互交错——商品和服务以"设计""品牌""生活方式"和"体验"的名义被推向市场。

纽约万圣节游行，摄影：乔·布戈维奇(Joe Buglewicz)，由纽约文化事务局(NYC Department of Culture Affairs)提供

规模

广义上的文化经济正在增长。联合国贸易与发展会议(UNCTAD)在其《2010年创意经济报告》中指出:文化产品和服务在全球贸易和国内生产总值(GDP)中所占的份额越来越大。在一些国家里,它们的增长率已经超过其他的经济部门。创意经济的很多活动集中在城市里:在这份报告中的一些城市里,文化创意部门是第二大或是第三大的经济部门。

规模是重要的,因为在文化市场上,人们必须预期一个高失败率。创新"需要"浪费、实验和包容失败。这就是为什么观众是关键性的。世界城市不仅拥有本地观众,还拥有国际观众,包括大量的国际游客和商务访问人士。关键的是,这些城市也拥有来自本地和海外的大量学生人口。这些学生心甘情愿地给廉价的、常常是实验性的文化提供了市场,而他们自己也是文化的创造者。

多样性

在本报告的语境中,多元性指的是观众、市场和人口的多样性,以及文化供给物的多样性。它不仅反映在节日和庆典中(在圣保罗、纽约和柏林这样的城市中的最大的节日吸引了这个城市几乎三分之一的人口),它也反映在各种外文报纸、书籍和电影中。

对一些城市来说,承认自身的多样性是文化政策的一个主要目标。伦敦以其操300多种不同语言的社区为荣,而悉尼、纽约和孟买则以各种各样的社区节日反映其多样性。

多样性常常在最大程度上展现于非正式的文化。从喜剧俱乐剧和酒吧,到突然冒出的画廊和街头艺术,所有的世界城市都将这些不断增长的文化部门的作用发挥得淋漓尽致。克里斯·安德森(Chris Anderson)的著作认为公司可以通过满足具有小众文化趣味的无数市场的需要来赚钱("长尾"理论)。这个道理同样适用于城市,因为在城市里,起初在少数观众中生存的能力可为一个创意给予其成长为世界风行的事物所需的"喘息的空间"。

潜望镜：细看那些被忽略的，悉尼街头艺术项目，摄影：莎伦·希基（Sharon Hickey），由悉尼市政府提供

世界城市的文化战略

到目前为止,世界城市理论对文化的关注仍然相对较少。增长和经济发展战略建立在外国直接投资模型的基础上,强调诸如交通、教育、好的住宅存量和法治等因素。然而,吸引全球性企业和投资的努力会使城市政府无视发展本地事物和特色事物的需要,以及为尚未规划的部分预留空间的需要。这个报告重点介绍的世界城市日益认识到这一点。

重要的是要理解文化部门不仅集中于有着卫星城的大都市内,而且很多文化部门塑造了城市本身的总体特征,其中包括唱片店,大大小小的音乐表演场所、图书馆和书店,博物馆和画廊,公园和开放空间,足球俱乐部和板球场,学生和咖啡馆。简而言之,充满活力的文化部门是规划好的部分和自发性部分的一种融合,它是城市经验中很重要的部分。纽约将这点阐释得很清楚,强调在其所有标志性产业中,"文化是在每一市镇和每个地段都存在的产业"。

决策者所面临的问题是:这些深刻的、相互联系的资产仅仅在某些时候是深思熟虑的文化政策的结果。反之,它们常常是教育政策、交通政策、规划和许可证法令、移民和住宅政策、慈善活动和商业性的强行推销——与公共的或私有的各种文化资产相融合的结果。这种融合是如此的复杂,以至于评论者们有时退回到那个"事情就这样发生了"的假定,或认为市场那看不见的手又创造了奇迹。

但是事实上,文化政策和其他都市政策的交错是所有世界城市的特征。文化嵌入于更广阔的社会、经济和政治关系中。参与文化因此能带来一系列潜在而广阔的正面效用,除了娱乐和审美,还有创造和保持身份,构建社会凝聚力,培育社区发展和公民参与,增进社会福祉并产生经济价值。

例如在约翰内斯堡,文化被视为健康和社会发展的一部分,是改变以往被边缘化的市民的生活的关键。在悉尼,对这座城市的土著居民的文化富有意义的认同是一个主要的目标。在伦敦,文化活动被认为是正规教育的至关重要的部分。在巴黎,除了传统的法国文化政策目标,文化是为促进经济发展而要优先发展的领域。而在上海,文化被视为在快速的经济和社会变迁中社会和谐和稳定性的根源。

众多参与到都市文化政策中的机构和行动者体现了这种文化政策与其他政策的结合。东京强调城市的各种文化活动不是仅由一个政府部门或是某一大型企业赞助,而是由众多不同的公共文化组织所支持。纽约也在实行这样的混合经济模式,在设立公共资助和消费性开支的同时,同时还有高水平的慈善性文化资助。

因为文化的"嵌入"性质,所以尝试开发一个能从某个城市移植到另一个城市的单一的蓝图的做法是不明智的,它很少能行得通。即便如此,世界文化城市仍有一些似乎共同面对的挑战。

挑战与应对

虽然这12个城市面对着很多挑战，但是很多挑战能以三个首要的主题进行归类。首先是如何在传统和现代性之间取得平衡。一些城市的国际形象在很大程度上由它们的历史建筑和遗产所塑造，但是它们需要找到一种方式来确保它们的当代文化是被认可的，并且富有生命力——这是一个巴黎感兴趣的问题。另一方面，比如上海和东京的国际形象，则往往忽略它们的历史角落和建筑。

第二个挑战是如何在迅速全球化的世界中保持一种地方感和独特感。随着观念和人群越来越自由地跨越国界，保持一个城市文化中独特的部分可能变得困难。怎样可以做到这一点，而不变得狭隘，变成地方保护主义者？

第三个挑战是如何最好地将基础设施与受众参与联系在一起。诸如上海和伊斯坦布尔等一些迅速增长的城市为改善文化基础设施的质量做出了重大的努力。尤其是像图书馆这些文化设施可以对提高城市人口的未来技能贡献潜在的价值。然而，为了避免这些文化设施不被充分使用，必须把重点放在参与性上，以保证这些为市民所造的新设施能让他们充分受益。

面对这些以及与之相关的挑战，不同的城市根据自身的情况各有不同的应对。然而，似乎有两种战略准则来引导这些城市对于文化效用的观点。第一是强调文化作为城市更新的动力这一功能。这可以指城市面貌的再造，老的建筑被赋予新的文化用途，或者文化帮助已经衰败的地区获得复苏——这样的战略在巴黎、纽约、伦敦等地方都能看到。但是文化也能为精神和情感的再生提供机会。在2011年地震后的东京、9·11事件以后的纽约和种族隔离制度终结后的约翰内斯堡，文化再一次将一个城市凝聚到一起，并重新唤起一个城市存在的意义。

第二是很多城市公认的战略准则，强调了公共和私有部门之间合作关系的重要性。在几乎所有的城市里，文化都受益于一种私有和公共因素相互加强的"混合"经济。几个例子有助于说明这一点：纽约很多大型的文化机构，比如大都会艺术博物馆和纽约现代艺术博物馆是私人运营的，但是坐落于产权为市政府所有的建筑里。在伊斯坦布尔，国家资金支持私立的剧院。而在东京，公共机构常常引入私营部门的经理来领导这些组织，从而带来新的技能组合。这样的合作关系使得文化部门能从私有和公共部门的优势互补的合作中获益。

茨瓦内市（Tshwane）自由公园，南非高腾省（Johannesburg-Gauteng）
由高腾省旅游局（Gauteng Tourism Authority）提供

数据告诉我们什么

报告中的城市

《世界城市文化报告2012》是建立在一个早些年的研究报告上的工作基础上的，即《伦敦：一项文化审计（2008）》[London:A Cultural Audit (2008)]。那份报告调查了5个城市：伦敦、纽约、巴黎、上海和东京。

在《世界城市文化报告2012》中增加了7个城市。这些城市是使用一套客观标准，诸如经济财富、人口数字（用来决定一个特定城市的"全球重要性"），以及报告的作者对于这些城市在国际文化议程中的重要性的判断来选择的。关于这些城市如何被选中的详细描述，请看表1。

在这份报告的编撰过程中，这12个城市的参与程度不同，其中9个城市：伊斯坦布尔、约翰内斯堡、伦敦、孟买、纽约、巴黎、上海、悉尼和东京，积极参与了数据采集和对它们的城市文化环境的描述，而柏林、圣保罗和新加坡只进行了数据采集。

清楚地说明报告提及的行政单位是重要的。许多城市杂乱无章地扩展了其行政边界，有时人们并不明白这座"城市"是否意味着市中心、郊区或更广泛的城市区域。在这份报告中，除另行指出外，每个城市的统计数据，均指以下行政区域：

表1 城市定义

城市名称	相应的行政区域	行政单位人口	行政单位面积（平方公里）
柏林	柏林州	3,460,725	892
伊斯坦布尔	伊斯坦布尔省	13,624,240	5,313
约翰内斯堡	高腾省	11,328,203	18,178
伦敦	大伦敦市	7,825,200	1,572
孟买	大孟买市行政区	12,432,830	437.1
纽约	纽约市	8,175,133	1,214.4
巴黎	巴黎大区行政区	11,797,021	12,012
圣保罗	圣保罗辖区	11,253,503	1,500
上海	上海市辖区	23,474,600	6,340.5
新加坡	新加坡国	5,183,700	710
悉尼	悉尼都会区域	4,575,532	12,144.50
东京	东京都（东京辖区）	13,159,388	2,130

来源：BOP文化创意产业咨询公司 (2012)

关于数据

2012年的报告以联合国教科文组织推荐的文化分析的定义和框架为起点，2008年的研究也采用了相同的定义和框架，以嵌入联合国教科文组织（1986）文化统计框架中的"领域"和"功能"两个范畴来定义文化。它的指标涵盖了以下两个面。

- 文化供应：将城市文化"基础设施"的范围和组成分类，并且跟踪这些机构每年的产出。
- 消费和参与：量化参与比较的城市文化供给的受众规模、特性和价值。

虽然非正式文化一般不被包含在统计中，但它是城市文化全貌的一个重要组成部分。非正式文化影响文化活力（在以街道层面来体验城市时，非正式文化的生产和消费与其他因素一起，增添了一个城市的活力或者热闹）和文化多样性（由多元化的人口群体来生产文化并消费文化）。

我们也与每个城市合作，以确定对合作城市来说具有特定文化重要性的少数附加指标，尽管要给每个城市都搜集到这些数据并不总是可能的。

为了方便进一步探讨数据的格局，本报告将数据分为六大专题领域：

- 文化遗产
- 阅读文化
- 表演艺术
- 电影和游戏
- 创意人才
- 文化活力和多样性

查特拉帕蒂·斯瓦吉(Chhatrapati Sivaji)汽车终点站（原维多利亚 Victoria汽车终点站），孟买，由塔塔社会科学院的阿布杜尔·沙班（Abdul Shaban）提供

研究的下一站在哪里？

值得指出的是，至少在某种程度上，这些研究结果是每个城市中搜集的研究数据和实践的反映。在各个城市里找到可靠而高质量的数据作为文化指标是具有挑战性的，而本报告的研究需要使用多样的数据来源，包括从官方的政府统计到艺术和娱乐杂志的列表等。城市之间个别度量的差异也反映了定义上的差异。例如，对"一个国家公映的外国电影数量"这一数据指标来说，由于受诸如来自一个特定地区的电影预算的百分比等因素的影响，各个国家对"国内的"和"外国的"的定义不同。

研究还强调了一些文化统计可得到的数据的缺乏，尤其对一些新兴经济体的城市来说。在这点上，与孟买的塔塔社会科学院的研究员们一起工作就是一个有趣的案例。在《世界城市文化报告2012》中包含的孟买的数据在现存的报告或统计出版物里都无法找到。我们不得不做大量的第一手研究，并对来源各异、相互矛盾的数据进行"常识校验"，再加上通过从一个活动样本推算总数的过程来估算数据。

我们不得不从分析中排除一些潜在的指标，因为不能为所有的城市搜集到可靠的数据，这包括档案馆、公共艺术装置和艺术家工作空间的数量这样的事物，以及更具体的文化指标，如居民或专门的文化社区中心拥有钢琴的数量。提供一个对世界城市文化更全面的叙述，还需要进一步改善数据采集工作。

更多的数据在以下四个领域会有价值：

● "非正式"文化：它如何起作用，其潜在的贡献是什么
● 文化消费的新途径（包括数字消费）和人们参与（或不参与）文化的原因及方式
● 艺术家和其他创意人士在一个城市的社会和经济结构中的作用
● 给文化估计值的不同方法

尽管存在这些缺口，2012年的报告所搜集的信息提供了将来能进一步分析的丰富的数据集。例如，使得探讨诸如国内生产总值、多样性和参与率等变量是否相关的研究成为可能。

本研究议程将由世界城市文化论坛，包括《世界城市文化报告2012》更新版向前推进。即便如此，2012年的报告所作的研究仍然是在世界城市间比较数据的一大突破。为了成为更有效的监管者，决策者需要得到更多关于他们城市的文化信息，这个报告朝这一目标迈出了一大步。接下来的部分将讨论从研究中得到的诸多发现。

折纸虎，悉尼，摄影：保罗·帕特森（Paul Patterson），由悉尼市政府提供

文化遗产

一个城市的文化遗产可以被认为包括很多东西，本报告考虑了博物馆、美术馆、画廊、档案馆、文化遗产所在地和公共绿地的数据。文化遗产在某种意义上说都是一个城市的文化传承，常常由之前几代居民创建。正因为如此，文化遗产体现了城市的历史。它曾是一个帝国的首都吗？它现在是一个国家的首都吗？例如，许多美术馆的收藏反映了更广阔的政治或社会的动荡。位于伦敦的多维茨画廊（Dulwich Picture Gallery）收藏的核心是1790到1795年间由两位伦敦画商以波兰国王的名义搜集的。波兰国王意图使之成为波兰的皇家收藏。在画商建立收藏的五年中，波兰分裂，国王被迫退位。画商卖画的企图失败了，于是这些画最终留在了伦敦南部，并保留至今。

博物馆和美术馆常常是一个城市的文化身份显而易见的符号，它们收藏着国家的珍宝。仅举四例来说，纽约的大都会博物馆、伦敦的大英博物馆、巴黎的卢浮宫和东京的国立博物馆，都是其所在城市的首要旅游目的地。这些地方也并不仅仅为游客所享用，在这些城市的大多数中，有1/3或更多的居民每年参观一次博物馆、美术馆或画廊。由游客和本地居民组成的参观者数量可能会高得惊人，伦敦和巴黎最受欢迎的五大博物馆和美术馆吸引了超过2 000万人次来参观（虽然伦敦的许多博物馆和美术馆是免费参观的），而在上海和伊斯坦布尔的"前5名"则吸引了超过600万人次的参观者。"较新"的城市也同样热衷于发展博物馆和美术馆：新加坡拥有超过50个博物馆，超过40%的居民每年参观博物馆、美术馆或画廊。

应当指出，大多数国家将某些博物馆指定为"国家"博物馆，说明它们拥有特别重要的

表2 文化遗产

指标	柏林	伊斯坦布尔	约翰内斯堡	伦敦	孟买
国家博物馆数量	18	7	9	11	6
其他博物馆数量	140	71	51	162	4
美术馆和画廊数量	421	267	76	857	152
博物馆和画廊参观人数占全市人口的百分比	无	无	8%	53.6%	无
五个最受欢迎的博物馆和美术馆参观人次（百万次）	4.7	7.1	0.6	25.3	1.8
五个最受欢迎的博物馆和美术馆的人均参观次数	1.4	0.5	0.1	3.2	0.1
世界文化遗产保护地数量	3	1	1	4	2
其他遗产所在地、历史遗迹数量	8,689	30,188	281	18,901	42
公共绿地（公园和花园）占全市面积的百分比	14.4%	1.5%	24%	38.4%	2.5%

来源：BOP文化创意产业咨询公司（2012）

收藏。这样的国家博物馆往往位于国家首都，从而解释了像纽约、悉尼和圣保罗这样的地方在这一指标上得分相对较低的原因。尽管如此，除了孟买以外，所有的城市都有至少40个博物馆。

谈到美术馆和画廊，这里的数据包含公共美术馆和商业画廊，证明了城市文化遗产及其当代艺术市场的活力。视觉艺术这个领域似乎是异乎寻常地集中在世界主要城市，在大城市里能够看到的美术馆、画廊、艺术家、画商、买家和评论家的结合体构成了艺术活动的基础设施；巴黎的印象派和纽约的抽象表现主义正是两个艺术运动与其东道主城市紧密相连的例子。在当今日益全球化的世界中，其他大城市也有一席之地。伊斯坦布尔和圣保罗建立的艺术双年展已成为国际艺术日历上重要的定期活动。创立于1951年的圣保罗双年展是世界上仅次于威尼斯双年展的历史第二悠久的双年展。来自《艺术导报》(The Art Newspaper) 的数据显示，许多世界上最受欢迎的艺术展览都在本报告涵盖的12个城市中举行。

世界城市丰富的文化遗产还表现在其他方面。它们的公共绿地就是其中的一个元素，并且最显著地表现为城市的公共公园。它们有完全不同的起源——一些是过去的皇家猎场，例如伦敦的海德公园，而另一些，例如纽约的中央公园，则是公民倡议的结果。这些早期的案例在其他国家也产生了影响。东京的上野公园是日本最早的公共公园之一，开放于1873年，其所在的土地曾为一所寺庙拥有。公园于明治时期建成，当时东京（和日本）因接受了很多来自国外的新理念而著名。这个占地50万平方米的公园是日本游客最多的地方之一，并以春天樱花盛放及其包含的博物馆群（包括东京国立博物馆）而闻名。

纽约	巴黎	圣保罗	上海	新加坡	悉尼	东京
5	24	1	27	5	1	8
126	113	110	87	48	59	39
721	1046	无	208	252	122	688
无	43%	无	47.5%	40%	25.9%	33%
15.4	23.4	2.2	6.6	2.7	2.8	9.7
1.9	2.0	0.2	0.3	0.5	0.6	0.8
1	4	0	0	0	2	1
1,482	3,792	12	2,049	63	783	419
14%	9.4%	无	2.6%	47%	46%	3.4%

公园对于城市生活的价值继续得到承认。即使在已经建成的城市中，人们还在不断建造新公园如建造在一条废弃的高架铁轨旁的纽约轻轨公园（New York's High Line park），或者伦敦东部的新奥林匹克公园，它是几十年来在欧洲建造的最大城市公园之一。然而，拥有公共绿地百分比最高的是悉尼和新加坡，这两个城市的公共绿地面积占到土地面积的几乎一半。

文化遗产所在地是城市利用其文化遗产激活现状的另一个例子。本报告考察的12个城市是19个联合国科教文组织世界文化遗产所在地，从柏林的博物馆岛到悉尼歌剧院，部分文化遗产所在地包含了几座著名建筑。巴黎的世界文化遗产所在地是一个极端的案例，涵盖了塞纳河的两岸并包括卢浮宫、埃菲尔铁塔、巴黎圣母院、荣军院和协和广场等地。

每个城市都有其自己命名的历史重要遗址和建筑。这些定义在很多方面是不一样的，因此比较起来也有困难，但是有重要历史意义的建筑和纪念碑的数量是惊人的：在伊斯坦布尔有超过3万，在伦敦有将近1.9万，在柏林有9千。这些定义的差异常常反映了不同国家对文化遗产和现代性的不同态度。这些遗址对旅游者和居民也是同样重要的，有助于每个城市建构自身的鲜明特征。近年来，人们设计了诸如文化遗产开放日（在柏林和巴黎）或者开放参观日（在伦敦）等方案，让公众有更多机会进入这些建筑。

东京都政府提供。

阅读文化

印刷机也许是世界历史上通信技术领域最重要的一项创新，而纸质书也成了远距离传播知识的最简单的方法。然而，印刷机也通过刺激政治、宗教和社会态度方面的思考革命，促成了一个更加城市化的世界。

阅读文化在城市中的重要性反映在为本报告搜集的统计数据中。尽管图书馆在几个世纪前就已经出现了（著名的古老的亚历山大图书馆建造于2300多年前），真正公共的图书馆，即针对广大群众的图书馆，则是一个相对近期的现象，始于工业革命和促进更高的识字率和教育的努力。受政府立法以及诸如美国的安德鲁·卡耐基这样的改革家的推动，公共图书馆在世界各地迅速扩散，即使在互联网时代，人们仍在继续建造新的大型图书馆。新加坡国家图书馆开放于2005年，投资超过2.5亿英镑，藏书超过70万册，还有其他印刷和非印刷资料。

现在，报告中的12个城市中有半数拥有200个或者更多的公共图书馆，巴黎数量最多。这些世界城市的图书馆出借大量的书籍，7个城市每年至少借出2千万册。其中，东京每年借出超过1.1亿册。东京和纽约每年人均出借量都超过了8本书。

当然，图书馆并不是书籍和阅读材料的唯一来源，世界城市也包含了成千上万的书店。在比较富裕的国家，书店遭受到来自一系列因素的压力，例如电子书的普及、高额租金和消费者品味的变化，即便如此，书店的数量依然众多——伦敦有800家，纽约750家。然而，其他城市报道了更高的数量：圣保罗有870家，约翰内斯堡有超过1000家，上海遥遥领先，有超过3000家。

本报告也搜集了关于珍本书和二手书店的数据。这些书店在约翰内斯堡（超过900家）和东京（将近700家）最多。

在出版的数据统计方面，虽然能得到国家近期数据，城市的数据却很难找到。历史的意外再次在决定印刷中心的时候产生了影响。爱德华·格雷泽（Edward Glaeser）指出，19世纪美国出版业最大的利润来自于印刷盗版的英国小说。纽约的港口和东海岸地理位置意味着，它的出版商能够在其别的城市的竞争对手之前获得英国的原版，使它能够在此行业建立起支配地位并维持至今。

近年来，图书出版的数量大爆发。在中国和美国，每年大约出版30万种，而在英国每年的出版数量刚超过15万种，法国和日本每年出版超过7万种。

Artazart书店，巴黎。摄影：Maria Spera/巴黎大区旅游局

表3 阅读文化

指标	柏林	伊斯坦布尔	约翰内斯堡	伦敦	孟买
公共图书馆数量	88	42	234	383	80
每十万人拥有的公共图书馆数量	2.5	0.3	2	5	0.006
图书馆借书人次（百万次）	23.6	0.1	9	37.2	2.05
人均图书馆借书次数	6.8	<0.1	0.8	4.8	0.2
书店数量	245	463	1,020	802	525
每十万人拥有的书店数量	7	3	9	10	4
珍本和二手书店数量	4	无	943	68	6
国内图书出版量	93,124	34,863	3,653	151,969	82,537

来源：BOP 文化创意产业咨询公司 (2012)

表4 电影和游戏

指标	柏林	伊斯坦布尔	约翰内斯堡	伦敦	孟买
电影院数量	94	118	47	108	105
电影银幕数量	266	501	368	566	232
每百万人拥有的电影银幕数量	77	38	33	73	19
电影院入场人次（百万人次）	9.1	10.3	13.1	41.6	10.9
人均电影院入场次数	2.6	0.8	1.3	5.3	0.9
本国电影上映数量	508	254	203	557	3,781
外国电影上映数量	315	184	21	438	298
电影节数量	33	35	16	61	6
最受欢迎电影节参加人次	484,860	150,000	7,500	132,000	100,000
电子游戏厅数量	无	18	11	44	278

来源：BOP 文化创意产业咨询公司 (2012)

纽约	巴黎	圣保罗	上海	新加坡	悉尼	东京
220	830	116	477	25	154	377
3	7	1	2	0.5	3	3
68	47	0.8	58.7	33.2	19.1	112.2
8.3	4.0	0.1	2.5	6.5	4.2	8.6
777	1,025	869	1,322	164	439	1,675
9	9	8	15	3	10	13
99	282	90	343	12	93	681
302,410	74,788	57,600	328,387	无	8,602	78,501

纽约	巴黎	圣保罗	上海	新加坡	悉尼	东京
117	302	45	230	34	67	82
501	1003	282	670	239	295	334
61	85	25	28	47	64	25
无	58.2	50	22.9	22.1	2.3	29.3
无	4.9	4.4	1.0	4.4	4.8	2.2
610	575	303	252	352	342	799
无	305	228	60	无	306	358
57	190	29	2	无	36	35
410,000	151,800	250,000	260,000	无	110,000	121,010
17	14	无	587	无	10	997

电影和游戏

电影院是工业革命的又一个产物。这个新媒介的先驱开始出现在19世纪晚期，卢米埃尔兄弟于1895年在巴黎展示了他们的第一个电影。这项技术迅速扩散开来并得到发展，并在短短的数年内成为了一个非常受欢迎的大众娱乐形式。最初在集市和巡回演出中进行表演，美国的五分钱娱乐场的出现预示了现代电影院的崛起——一个专门为电影设立的地方。

电影制作是一个分布广泛的活动。它的"首都"洛杉矶，并不在12个被考察的城市之列。然而，这12个城市中的很多城市也在电影制作方面享有并继续葆有重要的地位，并经常作为大型电影基地综合体的所在地。其中，孟买现在被认为制作了比世界上任何城市都多的电影。然而，这个部分并不是聚焦在电影制作方面的。反之，这份报告关注电影消费，即看电影的机会。

统计数据显示，即使在卢米埃尔兄弟后的一个多世纪，巴黎和电影院的爱情故事仍在继续。巴黎有比其他城市有更多的电影院（302个）和电影屏幕（1003个）。伦敦、柏林和悉尼的人均电影屏幕的数量也比较高。虽然巴黎还有着最高的电影入场次数——5800万次，但伦敦的人均入场数稍高。

本报告中的所有城市都能接触到门类宽泛的电影。关于每年电影院公映的电影数量的数据只有国家层级的，但这个数据显示，印度观众每年可选择的电影数量远远超过任何其他国家的观众（3700部）。其他国家的消费数量没有这么巨大，但是每年仍然至少有200部的电影可供选择，这些电影中有很高的百分比是来自国外的。在3个西欧城市和圣保罗、悉尼、伊斯坦布尔，超过半数的公映电影被归类为外国片。

电影节是电影在城市文化中所起作用的另一个指标，并且进一步证明了城市电影片源的多样性，许多在电影节展示的电影不会被全部公映。柏林、纽约、东京和伦敦都主办大型电影节，但是在纯粹的数量方面，巴黎再一次高居这份城市名单的榜首，拥有190个电影节，其中许多发生在社区或地区的级别。不过，在这些被考察的城市中，参加人数最多的一个电影节是柏林电影节。

电影不是唯一的视听艺术形式。在最近的几十年中，电子游戏也成了一个新形式，并且数据显示它们在亚洲城市里特别重要。东京有大约1千个电子游戏厅，而上海有将近600个，孟买有大约300个。亚洲以外的城市一般只有少于50个电子游戏厅。从某种程度上来说，这反映了文化上的差异——弹球盘厅（pachinko parlour）成为东京生活独有的特征已经很久了，并且被逐渐带到电子游戏厅去。

丹尼尔·克雷格（Daniel Craig）在伦敦拍摄的《007大破天幕杀机》电影中扮演詹姆斯·邦德（James Bond），由伊恩制作公司（Eon）/米高梅公司（MGM）/索尼公司（Sony）提供

表演艺术

表演艺术是一个范围广阔的分类。本报告将戏剧、音乐、喜剧和舞蹈的数据都包括在这一门类中。这些艺术形式在某些方面是城市文化的精髓，因为它们只有在那些能够把具有艺术天赋和专门技术的人与大到支持他们活动的观众群带到一起的地方才能蓬勃发展。因此，表演传统在那些持续了几个世纪的城市里得到发展。例如，伦敦自从16世纪晚期，即莎士比亚（Shakespeare）、马洛（Marlowe）、基德（Kyd）和其他人开始写他们的戏剧并建立他们的剧团的时候，就一直是一个伟大的戏剧中心。

世界城市的绝对规模和多样性给各种各样的"现场"表演提供了广泛的潜在观众。这个观众群体大到足够支持大型场馆，诸如剧院或歌剧院。然而，世界城市也有许多非正式的、室内和室外的演出空间，常常是在酒吧、餐厅以及许多被遗忘的或者隐藏的空间里。这些空间可以被用来制作，比如说，对场所有特殊要求的戏剧作品。就此而论，他们提供了让这些艺术形式能够茁壮成长的场馆组合，而规模小一些的城市或者城镇却较难做到这一点。

数据验证了戏剧在大城市继续葆有活力。纽约有420个剧院，巴黎有353个，东京有230个，伦敦排在第四，有214个。戏剧演出的数量是相当可观的。纽约的总数估计达到了4.3万场，伦敦有3.2万场，巴黎和东京各有超过2万场。然而，纽约的剧院出席人次最高，超过了2800万人次。可是，伦敦仅统计了那些是伦敦剧院协会（Society of London Theatres）会员的剧院，其中大多数是在伦敦西区的商业剧院，达到每年1400万人次。

许多城市也有数量众多的现场音乐演出场所。其中的一些活动发生在大型音乐厅，这些音乐厅常常专注于古典音乐或者交响乐。东京和纽约各有15个音乐厅，不过，就音乐演出场所数量来说，它们只是冰山一角。

巴黎、东京和伦敦每个都有接近或者超过350个现场音乐场所。纽约和柏林有超过200个。估算音乐表演的数量并不明确，但是数据显示巴黎每年有超过3万场，领先于纽约、东京和伦敦。

拥有独特流派和自己场地的喜剧只有几十年的历史，在不同城市中有广泛的变化形式。然而，在纽约、伦敦、巴黎和东京有成千上万场喜剧表演。相比之下，在那些新兴经济体的城市里，这样的演出数量则只能是数以百计。

舞蹈表演则分布更均匀一些。纽约有比任何其他城市高得多的演出数量（6300场），但随后的巴黎、伦敦、上海、东京和新加坡每年也至少有1500场演出。在很多情况下，这个层次的活动是建立在非专业人士对舞蹈高度参与的基础上。

卡门，纽约　摄影：Paco Manzano，由世界音乐学院和纽约文化部提供

表5 表演艺术

指标	柏林	伊斯坦布尔	约翰内斯堡	伦敦	孟买
剧院数量	56	184	24	214	120
剧院演出场次	6,900	6,349	5,000	32,448	8,750
所有剧院年均入场人次（百万次）	2.4	2.4	1.7	14.2	2.7
每十万人剧院入场次数	0.7	0.2	0.2	1.8	0.2
现场音乐表演场地数量	250	91	46	349	98
主要音乐厅数量	2	6	13	10	2
音乐演出场次	无	无	7,400	17,108	593
喜剧演出场次	无	无	508	11,388	217
舞蹈演出场次	111	154	250	2,756	130
业余舞蹈学校数量	104	98	36	618	无

来源：BOP 文化创意产业咨询公司 (2012)

表6 创意人才

指标	柏林	伊斯坦布尔	约翰内斯堡	伦敦	孟买
公立专业文化艺术高等教育机构数量	5	无	无	11	18
私立专业文化艺术高等教育机构数量	12	无	24	46	无
公立专业艺术与设计院校学生人数	5,091	无	无	34,920	1,375
综合性大学艺术与设计课程学生人数	无	774	9,066	15,745	无

来源：BOP 文化创意产业咨询公司 (2012)

纽约	巴黎	圣保罗	上海	新加坡	悉尼	东京
420	353	116	97	55	73	230
43,004	26,676	无	15,618	2,421	4,966	24,575
28.1	5.7	无	0.6	0.6	0.7	12.0
3.5	0.5	无	0.3	0.1	0.2	0.9
277	423	294	44	无	69	385
15	15	7	4	8	4	15
22,204	33,020	无	3,356	2,418	1,014	15,617
11,076	10,348	300	无	416	432	8,452
6,292	3,172	100	1,686	1,572	283	1,598
682	715	29	438	89	441	748

纽约	巴黎	圣保罗	上海	新加坡	悉尼	东京
无	30	2	5	无	2	1
12	73	4	18	2	20	16
无	14,024	无	13,324	无	15,571	24,120
无	无	无	43,501	7,660	13,972	25,444

创意人才

城市当然不单单是建筑物或机构的集合。它们的生命线是它们的人口,以及它们对新来者带来的思想和能量的开放程度。本报告试图通过考察一些成功城市的人力资本,衡量其内在的文化活力。

12个城市中的大多数都拥有一些国家资助的专业文化高等教育机构。虽然运营成本可能高昂,但却是社会对文化技能的价值表达。在大多数国家,这些机构高度密集在最大的城市里。观察私人资助的机构的作用也有助于反映在任一特定国家里组织高等教育的不同方式。然而,在一些城市,如伊斯坦布尔,纽约和约翰内斯堡,公共教育部门的艺术院系通常包含在公立综合性大学里。

这些专门院校涵盖的学科表明一个特定的城市或国家最重视的文化形式。尽管大多数城市都有表演艺术(音乐,戏剧和舞蹈)和美术的专业学校,柏林和巴黎还有电影专业院校,东京有时装专业院校,伦敦有设计专业院校,孟买和巴黎有建筑专业院校。

尽管伦敦的专业教育机构的数量比一些其他城市少,却有近35 000名学生在专业艺术与设计学院学习。相比之下,上海约43 000名学生则在综合型大学学习艺术和设计,再次反映了组织高等教育的不同方式。

McQ秀,2012年2月伦敦时装周压轴,©英国时装理事会

文化活力和多样性

一个城市的人力资本有助于驱动它的活力和多样性,很难通过单一的指标来了解这些,因此本报告编制了一些测量方法来观测城市的不太正式的娱乐和"街头生活"的不同方面。

这些因素可能被认为是在测量一个城市的热闹繁乱。嗡嗡声很重要,因为它对居民和游客来说,同样塑造了很多对城市的感知,并且它也可能产生好的经济效益。学者理查德·佛罗里达(Richard Florida)主张,思想开明的、多样的、令人兴奋的文化使一个城市对受过良好教育的和有创意的工作者具有吸引力,进而对想要雇佣他们的企业具有吸引力。对他的观点虽然仍存在争议,但是我们并不怀疑一个有生气和活力的街头生活能证明一个城市具有更广泛的力量——地区的安全和活力;社区相互融合的意愿;居民作为社区成员自豪感的程度,以及在一个越来越个人主义的世界里对在公共庆典里聚集到一起的渴望。一个城市的居民既是街头生活的观察者又是参与者。

本报告观察的文化活力的第一个方面是夜总会、迪斯科和舞厅。为这些场所下精准定义是一个挑战,不过数据显示圣保罗和上海在这一领域特别强,各有大约2000家。在更发达的城市中,纽约高居榜首,有584家。酒吧也是城市的非正式文化的一个特色,因此很难量化,特别是在圣保罗和约翰内斯堡这样的城市。东京报道了最大的数量(1.4万家),远远超过其他城市。

在"文化"这个词更广泛的含义里,美食常常被认为是文化一个核心方面。世界城市有着高得令人惊讶的餐厅数量。东京有15万个用餐场所,伦敦有3.7万个,纽约和巴黎各有超过2万个,约翰内斯堡和圣保罗各有超过1万个。米其林有一个创办了多年的给餐厅评级的星级系统。它只在列表中的5个城市运作,不过,它确认了东京的统治地位——这个日本的首都有比其他4个城市加起来还多的米其林星级餐厅。

街头节庆是城市活力的另一个例子。悉尼在这方面特别强,比纽约和伦敦有更多的节日(这也许反映了它的气候和自然美)。大型节庆的参与者数量非常庞大:圣保罗的狂欢节吸引了400万人,比这个城市人口的1/3还多。

法弗(Pfaff)的地下室,纽约,摄影:亚历山大·汤普森(Alexander Thompson),纽约文化事务局提供

这12个世界城市也是国际旅游者的主要目的地。这些游客不仅是一个特定的城市及其文化吸引力的一个指标，也反过来对城市及其文化吸引力做出了贡献。国际游客成为世界城市的许多文化名胜的观众的重要组成部分。伦敦接待了我们的世界城市中最多的国际游客——超过1 500万人次。巴黎和新加坡其次，分别有1 330万人次和1 160万人次。

多样性对世界城市的文化的重要性体现在几个方面。首先，新来者带来他们自己的文化，这在作为世界城市特点的各种各样的民族餐厅里能最显而易见。其次，新来者也能充当他们居住的城市和他们的故乡的桥梁，加速想法和经验的交流。最后，也许最大的文化利益来自文化形式的会合。很少有艺术创新是全新的，大多数情况下，它们只是混合体，利用并且混合来源不同的元素来创造一些有特色的东西。通过增加"可用的"创意和方式，多样性鼓励了这样的混合和创新。

许多城市的多样化程度让人吃惊（特别是那些说英语的城市）。在伦敦、纽约、悉尼和新加坡，超过1/4的现有人口是在外国出生的。另一些城市在较早的几十年里经历了移民潮，使他们如今有非常多样的人口群体。比如

表7 文化活力和多样性

指标	柏林	伊斯坦布尔	约翰内斯堡	伦敦	孟买
夜总会/迪斯科舞厅和舞厅数量	152	无	130	337	29
酒吧数量	1,247	657	无	2,143	543
每十万人酒吧数量	36	5	无	27	4
餐馆数量	4,885	1,508	15,000	37,450	13,205
每十万人餐馆数量	141	11	133	478	11
节庆活动数量	63	136	82	254	34
最受欢迎节庆参加人数	1,360,000	无	67,829	1,500,000	2,000,000
国际学生数量	21,805	6,643	37,067	99,360	1,500
国际游客数量	2,871,000	8,057,879	3,988,335	15,216,000	2,195,000
国际游客数占城市人口百分比	83%	59.1%	35.2%	194.5%	17.7%
国外出生人口占城市人口百分比	13.2%	无	5.7%	30.8%	1.4%

来源：BOP文化创意产业咨询公司 (2012)

说，圣保罗人，就是欧洲人、非洲人和亚洲人的后裔，他们在过去的200年里来到（或者被强制带到）这个城市。

虽然本报告没有能够搜集到这方面的统计数据，但是我们也得指出，许多世界城市也同时接受大量来自本国其他地方的国内移民。比如说，在最近的几十年中，伊斯坦布尔就见证了来自安纳托利亚（Anatolia）农村地区的大量移民。

纽约	巴黎	圣保罗	上海	新加坡	悉尼	东京
584	190	2,000	1,865	56	75	73
7,224	3,350	无	1,320	576	661	14,184
88	30	无	6	11	14	108
24,149	22,327	12,500	55,614	2,637	4,554	150,510
295	189	111	237	51	99	1,144
309	360	无	33	无	312	485
2,500,000	1,500,000	4,000,000	306,000	无	653,000	1,270,000
60,791	96,782	15,432	43,016	91,500	无	43,188
8,380,000	13,300,000	1,600,000	8,511,200	11,641,700	2,610,000	5,940,000
102.5%	112.7%	14%	36.3%	224.6%	57.0%	45.1%
36.8%	12.4%	无	0.9%	26.9%	34.4%	2.4%

小结

数据显示，城市文化遗产的影响力是持久性的（事实上一些城市受益于几个世纪对文化基础设施的投资和对文化活动的推广）。这个影响在基础设施方面比较明显。当新兴经济体的城市变得越来越富有，这些差距有可能缩小，但可能需要很多年才会弥合。不过，最终它们可能会做到的，如纽约这些年来已经在很多指标上赶超了伦敦和巴黎。一些新兴城市在这方面有雄心勃勃的计划：例如，上海计划在未来数年中建造和开发中华艺术宫、上海当代艺术博物馆、上海世博会博物馆和上海儿童艺术剧场等新文化设施。

然而，基础设施并不是文化的唯一衡量标准。发达经济体的研究者们不久前刚刚意识到非正式文化的重要性，并指出这些活动，例如庆典活动，是一个城市同时吸引居民和企业的越来越重要的驱动力量。在这个领域，历史更久、更富有的城市和新兴经济体的城市的差距较小，并且在一些指标上，新兴城市的得分超过了历史更久的城市——部分原因是新兴城市常常规模更大。这些关于活力和多样性的更广泛的度量标准，比简单地计算博物馆的数量这样的指标更能说明世界城市在文化发展上的平衡。

然而，即使非正式活动非常强，文化基础设施正在提高，还有第三个维度：文化参与率。在这里，数据显示更发达的世界城市，即伦敦、纽约、东京和巴黎在演出数量和观众人数方面依然处于领先地位。如果要让文化成为城市生活中的动力，它最终还是必须与大众发生关系。

东京雄辩地描述了这一点。他们指出，文化在传统中被视为平等主义的而不是精英主义的："日本的文化一直是普通市民的领地。"这一观点通过一些方式表达出来，尤其是在专业的和业余的活动之间缺乏清晰的界限，以及使广大公众能参与文化。

这个尽可能拓展参与率的雄心，可能是致力于把文化整合进它们的城市景观的所有城市都渴望的。

东京马拉松赛，东京都政府提供

世界城市文化报告 2012 | 059

巴黎海滩,摄影:阿尔弗雷德(Alfred)/Sipa图片新闻社/巴黎大区旅游局

城市肖像

　　接下来本报告将转而描绘7个合作伙伴城市和两个相关城市的一系列简短肖像,以探讨这些城市近年来的发展和制定文化政策的环境。绘制这些肖像的依据,一部分是来自这些城市对一系列政策问题所作出的回答以及它们在"2012世界城市(上海)文化论坛"上的演讲。问题表可在附件4中找到。城市按字母顺序排列:伊斯坦布尔、伦敦、约翰内斯堡、孟买、纽约、巴黎、上海、悉尼和东京。

伊斯坦布尔

伊斯坦布尔省
地理面积：5313 平方公里
总人口：13 624 240
城市人口占全国人口百分比：18.2%
教育水平——学位及更高水平人口百分比：9.2%
2008 年人均国内生产总值（购买力平价）：13 359 美元
创意产业就业人口百分比：无法获得

伊斯坦布尔是一座既古老又现代的城市。这里最早的新石器时代的定居点可追溯至8500 年前。公元前 700 年，希腊人在这里创立了拜占庭，后来它成了君士坦丁堡——东罗马帝国的首都。然后在近 5 个世纪里，它是奥斯曼土耳其帝国的首都。今天，虽然伊斯坦布尔已经不再是首都，但它是一个快速发展的民族国家的最大城市。地处博斯普鲁斯海峡的地理位置，使它成为连接欧亚大陆的桥梁。

伊斯坦布尔的历史和文化明显地体现在其建筑中。这座城市的建筑混合了西方和东方的风格。这里有几处幸存的罗马遗迹，比如战车竞技场（Hippodrome），地下宫殿（Basilica Cistern），君士坦丁纪念柱（Column of Constantine），而热那亚人也留下了加拉太塔（Galata Tower）。然而，还是拜占庭和奥斯曼建筑定义了城市的风格。最著名的拜占庭建筑可能是圣索菲亚大教堂（Hagia Sophia），它曾是一千年里世界上最大的大教堂，在奥斯曼土耳其的统治下才改为清真寺。今天的索菲亚大教堂是一座博物馆。众多伟大的奥斯曼建筑包括几个世纪以来作为奥斯曼帝国苏丹的居所和行政中心，现在也是一座博物馆的托普卡帕宫殿（Topkapi Palace），以及蓝色清真寺和苏雷曼尼亚清真寺（The Blue and Suleymaniye Mosques）。很多地点被列入联合国教科文组织的世界文化遗产保护地"伊斯坦布尔历史区域"（Historic Areas of Istanbul），其国际重要性得到了承认。

但是，伊斯坦布尔同时也是一个非常现代化的城市。来自土耳其农村地区的国内移民造成了近几十年来城市人口的激增。目前，土耳其全国有 20% 的人口在此定居。伊斯坦布尔创造了土耳其 22% 的国内生产总值（GDP），并收取了土耳其 40% 的税收收入。土耳其几乎所有主要的文化和创意企业都把总部设立在这座城市里，而土耳其 49% 的博物馆访问人次和 30% 的文化演出都发生在这里。

伊斯坦布尔的当代文化正在吸引越来越多的注意力。它是 2010 年"欧洲文化首都"（European Capitals of Culture）之一，举行了很多节日庆典、展览和大型活动，并建设了两座新博物馆：王子岛博物馆和纯真博物馆。后者为诺贝尔文学奖得主、小说家奥尔罕·帕慕克（Orhan Pamuk）所建立，它用电影、照片和其他纪念方式记录了伊斯坦布尔从 20 世纪 50 年代至今的日常生活。

伊斯坦布尔双年展创始于1987年,其国际地位的上升同样反映了这座城市的文化影响力与日俱增。双年展把土耳其和外国艺术家齐聚一堂,并迅速成为国际视觉艺术界的盛事。而今,它已与历史更久的圣保罗双年展和悉尼双年展齐名。

国家文化和旅游部赞助了城市的一系列活动,包括戏剧和电影产业,以及节庆活动、音乐会、展览、会议和艺术博览会。伊斯坦布尔市政府(metropolitan municipality)同样扶持文化发展,其目标之一就是让城市的边缘地带也能得到文化服务。伊斯坦布尔市内的私营部门也越来越多地参与文化,大公司和银行尤其热衷于艺术投资。

伊斯坦布尔的文化政策由几个机构所塑造。文化政策的主要目标是提高文化的可获得性和参与性,以促进社会团结并实现经济效益。然而,这座城市在实现这些宏伟目标的过程中仍面临着挑战。文化消费低下,很少人有参观博物馆或参加文化活动的习惯,图书馆的使用率尤为不足。公共投资集中于文化中心和修复文化遗产方面。虽然市内有几个公共剧院,但经济合作与发展组织(OECD)指出:"对于一个这样规模的城市,它拥有的小型剧院和其他为特定目的建造的艺术、文学和音乐的空间数量奇低"。世界经济合作与发展组织还认为伊斯坦布尔并未充分地开发其文化遗产资源。

哈利奇,伊斯坦布尔 摄影:贝克尔·巴齐·阿克苏(Bekir Baki Aksu),伊斯坦布尔文化和旅游局提供

即便如此，伊斯坦布尔还是具有相当大的优势——它日益增长的财富，它作为土耳其文化领袖和先锋的地位，它日益增长的对艺术和文化的兴趣，而最为重要的是，它年轻而充满活力的人口。通过与其他文化城市迅速接轨，伊斯坦布尔正在开发利用这份能量和活力，这座城市的决策者们正在把它定位为"全球都市"。

伊斯坦布尔市政府
（lstanbul metropolitan municipality）
www.ibb.gov.tr/en-US
伊斯坦布尔文化和艺术基金会
www.iksv.org/en

圣索非亚大教堂，伊斯坦布尔　摄影：狄弋·奥索（Gungor Ozsoy），伊斯坦布尔文化和旅游局提供

世界城市文化报告 2012 | 067

约翰内斯堡①—高腾

高腾省
地理面积：18 178 平方公里
总人口：11 328 203
城市人口占全国人口百分比：22.4%
教育水平——学位及更高水平人口百分比：32%
2008 年人均国内生产总值（购买力平价）：9710 美元
创意产业就业人口百分比：4.5%

约翰内斯堡—高腾①作为一个城市—地区定位独特，它横跨发达地区和发展中地区，充当了通向非洲大陆其他地区的创意、文化和商业门户。它是文化和创意生产的驱动者和枢纽，生成新的文化样式，新的生产和消费模式以及新的组织和商业模式。

多年的种族隔离对这个城市的文化产生了深远的影响。如何应对那个时期的遗留问题仍然是这座城市的文化决策者所面临的最大一个挑战。"西方"的和"非洲"的文化概念是不同的，或者仅仅是对普世价值的不同表述？约翰内斯堡应该采取相似的议事日程与其他世界城市竞争呢，还是应该走它自己的道路？并且，当约翰内斯堡自身变化时——比如，它已经成为吸引非洲各地移民的一块磁石——它的文化如何反映这些变化？在某种意义上，这座城市有一块白布，供人们在上面回答这些问题。正如来自约翰内斯堡的流行音乐节目主持人/实验摇滚组织——BLK JKS Soundsystem 所说："这座城市就在这里，要求我们来塑造它。"

至少到目前为止，这座城市（和更广大的高腾城市地区）的文化政策以社会和经济的平衡发展导向，以及目的地营销为优先事项。约翰内斯堡艺术、文化和遗产理事会是这样表述的："理事会的工作议程大体上是为了得到一些关键的成果，包括对社会凝聚、减少贫困，以及种族隔离政策遗留的城市文化状况的快速转型等方面能产生一些正面的影响。"

涉及到文化时，约翰内斯堡—高腾在某些方面看起来像是两个城市。这座城市是某些"高雅"文化的国际文化场景的一部分，产生了一些著名的艺术家、作家、演员和电影制作人；而市场剧院（Market Theatre）等一些文化组织已经以它们的作品取得了国际性的声誉。但是，至少目前，这些艺术消费仍集中于社会的最富裕群体，尤其是位于最顶端的 10%。

约翰内斯堡希望在其他 90%的人口中提升参与率，这影响了它对于文化发展的态度。它已经试图这样做了，尤其是通过对节庆活动的推广和狂欢节活动策划，以及在服务欠缺的

---

① 约翰内斯堡现在是一个由高腾省内的三个大都会（约翰内斯堡 Johannesburg、茨瓦内 Tshwane、艾古莱尼 Ekurhuleni）、两个地区级城市（赛德本 Sedibeng 和西兰德 West Rand）和围绕高腾省的一些自治区组成的、连续的城市发展中的一部分。这个形成中的超大城市已经获得了一个显著的身份——高腾城市地区（Gauteng City Region），并且在政策制订中日益重要。

索维托剧院（Soweto Theatre），约翰内斯堡，摄影：彼得·哈萨尔（Peter Hassall）

城市地区部分发展文化基础设施。当创建新的基础设施成为优先任务时，在人员和活动上的投资和最大化现有基础设施的效用等需要考虑的新因素正日益凸显出来。

自 1994 年以来，在文化设施上已经有几项重大的发展。尤其是一批"新的"遗产基础设施已经完成，它们能更好地反映南非人民和他们反抗种族隔离制度的历史。主要几处包括：宪法山（Constitution Hill），原址为拘禁纳尔逊·曼德拉的监狱所在地，现在是三个博物馆和宪法法院的新址；茨瓦内的自由公园，包括一处纪念碑和一个讲述南非故事的博物馆；赫克特·皮尔特森（Hector Pieterson）纪念碑和博物馆，纪念 1976 年的索维托起义（Soweto Uprising）；种族隔离制度博物馆；世界文化遗产保护地马罗彭／人类发源地（Maropeng/Cradle of Humankind world heritage site）；索维托城克利普镇（Kliptown）的沃尔特·西苏鲁广场（Walter Sisulu Square）；赛德本（Sedibeng）的人权管辖区；原来是纳尔逊·曼德拉的法律事务所办公室的"官邸"（Chancellor House）。约翰内斯堡也正在建造一个大屠杀和种族灭绝的纪念中心。

另外，还有其他几个文化场馆正在建设中，有时是以政府与私有部门的合伙方式进行。它们包括在桑德顿（Sandton）区的一个新美术馆和位于旧市中心区东端的一个当代设计中心。最为著名的要数索维托剧院。这个引人注目的建筑是第一个建在黑人居住区的剧院，是为把索维托居民的生活质量提高到能与约翰内斯堡其他地区相比的水平所做的努力之一。它包含三个剧场空间，最大的一个拥有 630 个座位；以及一个户外的圆形露天大剧场，可以容纳 3500 人观看。它将是索维托区拭目以待的拉动文化活动增长的旗舰。

和大多数其他世界城市一样，约翰内斯堡—高腾也热衷于推广各种节庆和重大活动，包括约翰内斯堡艺术博览会（Joburg Art Fair），舞蹈节（Dance Umbrella），欢乐爵士（Joy of Jazz），艺术现在时（Arts Alive），各式狂欢节以及美食—美酒—设计博览会（Food-Wine-Design Fair）。除此之处，当下的努力还包括改进图书馆和加强艺术发展组织。

这个城市地区也发展了一定数量的创意和文化"园区"——那些混合了居住、零售和办公开发的地区，充当创意和文化产品及服务的孵化、生产和消费中心。这些园区涉及到公共和私人投资的融合，把非正式和正式文化结合在一起，体现了约翰内斯堡文化中最有活力的一些方面。在这些园区中，可能最著名的有新城（Newtown）、马伯能（Maboneng）、奥克兰公园（Auckland Park）和居塔街（Juta Street）。

在一些文化部门里，比如音乐、舞蹈和电影，一种"尼莱坞"（Nollywood）生产模式正在兴起。它基于低成本但是大规模的生产，主要针对国内（和非洲范围内）的观众（尼莱坞是首创这个模式的尼日利亚电影业的昵称）。随着非洲变得更加富有，这样的模式有潜力创造独具特色的非洲样式的大众文化。在约翰内斯堡这样一个饱受高失业率和未充分就业率困扰的城市中，人们正越来越认识到这些产业的经济价值。

过去10年里，在约翰内斯堡和高腾，人们已经很重视研究和政策的制订。它的成果之一是一个正在进行中的、雄心勃勃的约翰内斯堡都市公共艺术发展项目，它基于百分比来测算艺术模式。另一个受到重视的领域是文化创意产业发展。2008年的一个地区摸底研究为这个城市-地区的创意产业发展框架提供了根据。这导致了高腾政府将支持目标投向一系列的产业发展倡议和机构，比如高腾电影委员会（Gauteng Film Commission），约翰内斯堡艺术博览会，Moshito（一个音乐业的智库暨博览会），和南非时装周。所有这些都在推动高腾成为创意商业和经营智慧的联结点方面发挥了强有力的作用。

城市地区的战略遗产和文化旅游基础设施的合理化，以及负责旅游业的和负责艺术和文化的政府部门之间的合作，要求推动审核和实施前文所提到的创意产业发展框架。为了指导文化发展、提供发展方向，以及推广文化遗产和文化旅游而制订的国家文化遗产和文化旅游战略，也使得相关的政策和营销议题在城市地区的层面上更加鲜明突出。通过实施高腾旅游业战略（Gauteng Tourism Sector Strategy），文化旅游现在被置于优先的地位。

对于这一城市地区，文化常常成为处理它奇特的历史中一些苦涩的遗留问题的一种方式。当下的挑战是，在不忽略文化在社会中的"治疗"作用的同时，找到有效地开发利用文化能带给人们的其他潜在益处的方法。约翰内斯堡的政策决策者、艺术家和观众都有机会来重新想象这个城市——循着他们自己的路径来创造一些独一无二的东西。

高腾旅游局（Gauteng City Region）
www.gauteng.net
高腾城市区域观测（Gauteng City Region Observatory）
www.gcro.ac.za
约翰内斯堡现在时（Johannesburg Live）
www.jhblive.com

伦敦

大伦敦

地理面积：1572平方公里

总人口：7 825 200

城市人口占全国人口百分比：12.6%

教育水平——学位及以上水平人口百分比：41.9%

2008年人均国内生产总值（购买力平价）：65 800美元

创意产业就业人口百分比：12%

伦敦将历史感、前沿创意，以及生机勃勃的流行文化熔于一炉。作为当今世界上最为世界性的、有包容力的首都之一，伦敦吸引了真正多元化的人民——从极端的激进主义者到商业领袖，从知识分子到时尚人士。

早在400年前，伦敦已经成为一个新兴的国际商业和贸易中心。随着大英帝国的建立，伦敦成了帝国首都，在其后的几百年里，其力量一直在增长，而在19世纪，工业革命进一步刺激了伦敦的增长，使它在1900年以前成为世界人口的第一大城市，有670万居民。

20世纪对伦敦来说是一个剧变的时期。两次世界大战（其中第二次世界大战见证了伦敦遭到连番轰炸），帝国的崩溃，大量移民迁入以及伦敦成为全球金融中心的史实都改变了这个首都。今日的伦敦是全球有最广泛的联系和最多元化的城市之一，同时也是全球金融和商业网络的重要节点。这些全球的联系令伦敦成为一个外向型城市，同时也日益被视为有创造性的理念和能量的源泉：比如，伦敦优秀的艺术和设计院校就吸引了大批的外国人才，其中很多人选择留在伦敦。

莎士比亚环球剧场（内部），伦敦，摄影及版权所有：
约翰·特兰普（John Tramper）

《无力的雕塑》(Powerless Structures Fig.101),由艾尔姆格林(Elmgreen)和德拉格塞特(Dragset)设计,2012年,伦敦市长办公室的Fourth Plinth项目
摄影:James O'Jenkins

伦敦也是文化方面的一个发电站。从莎士比亚时代起，伦敦就已堪称世界上最重要的戏剧方面的城市。而伦敦从乔叟到约翰逊再到狄更斯的伟大作家们勾勒出了新文学形式的发展轮廓。伦敦现在还是众多其他艺术形式的主要中心，包括音乐、舞蹈和美术。同时，市内首要的博物馆和美术馆居于全球参观人次最多的场馆之列。

在英国必须与新兴国家进行经济竞争，而且用于艺术的公共资助遭遇削减的时代，伦敦面临的挑战将是如何保持其全球文化的领先地位。反过来，伦敦所面临的机遇则是通过文化创意产业来增强伦敦在生活、工作、投资和旅游方面的吸引力，从而更广泛地推动城市发展。

在伦敦，文化得到了强有力的扶持：《伦敦市长办公室文化战略》(The Mayor of London's Cultural Strategy)认为"艺术和文化是一个文明社会的基本标志，所有政府都有责任为其市民的共同利益来投资并扶持艺术和文化。"民意测验也证明，伦敦人对他们的城市文化生活评价甚高。

2012奥运会将进一步增强伦敦人对其城市文化的自豪感。伦敦最初申办时承诺将举办一个有史以来最大的文化奥林匹克。随着运动会的临近，奥运即将迎来高潮，即一场为期十周的文化庆典——2012伦敦艺术节。艺术节不但将展现伦敦的创意人才，而且也是把众多国际艺术家带到这座城市来的良机。奥运会还将留下一笔重大的文化遗产，显著的是伊丽莎白女王奥林匹克公园(Queen Elizabeth Olympic Park)，那里将在多年里成为欧洲最大的新城市公园之一，并将成为大型活动和节庆的新的主要演出场地。此外还有安尼施·卡普尔(Anish Kapoor)重要的新雕塑作品和奥林匹克公园中心的安赛乐·米塔尔轨道(Arcelor Mittal Orbit)，后者有成为新的游览胜地的潜力。

然而，城市的文化机构在奥运会之后将经历更困难的时期，经济问题将影响对文化产品和服务的需求。在此形势下，这座城市的优势何在？

伦敦的优势有几项。足够数量是其中之一。根据数据表显示，伦敦拥有庞大的文化资本储备，并致力于继续加强这种文化遗产。多亏国家彩票基金和私营部门的支持，一批主要的场馆已在过去的10~15年间建成或整修完毕，包括大英博物馆的大中庭、皇家歌剧院、泰特现代美术馆、国王广场、白教堂美术馆、英国电影学院、圆屋剧场、霍克斯顿的马戏空间和O2体育场（之前为千禧巨蛋）。另有一些雄心勃勃的计划正在进行中，比如对大英博物馆的进一步扩建，泰特现代美术馆和泰特英国美术馆的翻新。此外，人们对主要场馆的建造环境的改善问题日益关注。为了给行人创造一个更友善的场所，改善参观者的体验，作为三座国家级博物馆所在地的展览会路，最近刚刚进行了重大的重新设计。

在过去的二十多年里，由国家资助的文化部门使其收入来源多样化，发展了健康的商业直觉和筹资能力，这使它与其他城市的同等部门相比，适应力更强。

非正式的街头文化也仍然是伦敦优势的重要来源。过去十年见证了艺术节、狂欢节和艺术博览会的发展，比如海德公园的无线音乐节、维多利亚公园的Lovebox音乐节、伦敦市长泰晤士河畔节艺术节（Mayor's Thames Festival）、格林尼治和码头区的国际艺术节（Greenwich and Docklands International Festival）等。另外还有那些创立已久的庆典：著名的有诺丁山狂欢节，它现在被认为是欧洲最大规模的同类盛事，还有伦敦新年夜，伦敦眼已成为它的新焦点。

近年来也出现了以商业为导向的艺术博览会，包括已成为世界视觉艺术巡回展重要一站的佛瑞兹艺术博览会（Frieze Art Fair），以及英国级别最高的当代设计与实用艺术展会（Collect）。公共领域的艺术项目的重要性也已显著增强，比如特拉法尔加广场里的第四基座上的临时艺术创作。

这座城市的其他优势还包括高质量的设计、艺术和时装院校：2012年伦敦设计节（London Design Festival）迎来了十周年庆典，其模式被他人广为模仿。而伦敦时装周与巴黎、纽约和米兰时装周齐名，是国际时尚日程的组成部分。伦敦创意产业的规模和商业活力（电影制作、对内投资以及票房均于2011年首次突破十亿英镑大关），以及它最近正在升级的密集的、使用率高的公共交通基础设施，同样是这座城市可以利用的优势。此外，持续地支持文化教育和本土人才的重要性得到了强烈关注。未来的发展领域包括最大限度地挖掘文化旅游的潜力，以及在整个伦敦进一步平衡文化的供给和参与，而非仅仅局限在中心城区。

最后，伦敦的一个重大优势是它的多样化和年轻的活力。伦敦文化种类的绝对数量之大，也许给了它一种与其他城市不同的"感觉"——更自由，更宽容，对差异更感自在，更易于接受失败［根据伦敦现在的居民，维基百科创始人吉米·威尔士（Jimmy Wales）的观点，失败是创新所必需的］。伦敦市长认识到了这种多元化和活力的价值，并为此制定了计划来支持中国春节、圣帕特里克节、锡克教的光明节（Vaisakhi）以及当代阿拉伯文化的新节庆（Shubbak，译者注：阿拉伯语中"窗户"的意思）。

于是，文化增加了伦敦的社会和经济活力，而且可以应对社会中更广泛的挑战。它能增强这座城市对全球"人才"的吸引力，同时还能保持这座城市对旅游者和居民的吸引力。

大伦敦市政府
www.london.gov.uk
伦敦及伙伴
www.londonandpartners.com

孟买

大孟买市行政区
地理面积：437.1平方公里
总人口：12 432 830
城市人口占全国人口百分比：1.0%
教育水平——学位及更高水平人口百分比：无
2008年人均国内生产总值（购买力平价）：10 800美元
创意产业就业人口百分比：16%

　　孟买成为世界大都市之一的历程始于其被殖民统治时期。在被葡萄牙人统治了一个多世纪之后，1668年起，这座城市所在的岛屿转为英国人所有，而后被不列颠东印度公司租用。大约20年后，公司将总部搬迁至此。由此，孟买很早便建立起商业中心的地位，并为其此后的发展打下了坚实的基础。这座城市的港口成为这个地区最重要的港口之一，吸引了来自印度次大陆各地的贸易商在此居住和工作。印度独立后，孟买继续扩展并成为全国第一大城市。1996年，它被重新命名为孟买。

　　虽然以其他世界都市的标准看来，孟买的国外出生人口依然相对较少，但是孟买却是个非常多样化的城市，吸引了全印度众多种族和宗教信仰的人民。这种多样化和由此产生

海滨大道夜景，孟买，塔塔社会科学研究院
阿卜杜尔·沙班（Abdul Shaban）提供

的观念的融合被认为是星星之火,点燃了宝莱坞(Bollywood)——以孟买为中心的印地语电影产业,宝莱坞成为世界最大的电影产业之一。孟买还是马拉地语电影产业的首要中心。宝莱坞从孟买的多种元素的独特融合中产生,这些因素有——帕西企业家的参与,帕西戏剧的遗产,城市的可用资本,多元文化的精神气质等等。宝莱坞在建立印度文化身份,以及在印度与它的各种移民社群建立联系中发挥了重要作用。同时,宝莱坞与其他创意产业联系密切,这有助于解释印度大部分主要的电视、卫星网络和主要出版社将总部设在孟买的原因。

宝莱坞展示了孟买的可能性。起初,它几乎就是家庭手工业的形式,无法有效地获得规模经济效益,并被与有组织犯罪勾结的流言所困扰。然而,自从20世纪90年代末,由于宝莱坞电影在海外市场的增长和印度经济的开放,情况得以改观。可观的投资开始由孟买的电信业、软件业和媒体业流入宝莱坞。这一点在电影产业的回报中有所体现——1985年至2005年间,宝莱坞电影的收益增长了360%。

此外,这个城市兼具其他方面的文化实力。孟买的设计、刺绣、宝石和珠宝业实力雄厚,而且孟买凭借传统手工技术形成了一个庞大的(虽然低调的)产业。然而,在城市的艺术和娱乐供给方面也存在弱点。人们对这座城市的博物馆兴趣较低;文化遗产建筑的潜能发挥不足,而且表演艺术相对受到忽视。娱乐设施也应得到加强:例如,还没有一座宝莱坞博物馆,而城市的传统宗教节日也应该得到更好的营销。确实,孟买占全印度旅游业的份额正在萎缩——这座城市日益被视为国家的门户而不是旅游者必到的目的地。

尽管孟买已有了宝莱坞的成功,并且拥有一个世界城市的诸多"要素",这个城市目前仍在竭力去获取相称的文化影响(电影业以外的)。部分原因是由于这座城市创意和文化部门的低调——例如,本报告的很多统计数据只能从第一手资料的研究中搜集得到——但是这也反映出孟买政府给予创意和文化部门较低的优先地位。

孟买位于世界发展速度最快的经济体之一,而且有着众多年轻、充满活力和多元文化的人口。得天独厚的孟买应该创建一个强大的创意和文化部门,为城市创造发展和旅游的机会。确实,近期研究表明,创意产业已成为这座城市就业的重要来源。但是,为了实现这一点,政府需要更好地理解这个产业和它的潜力,并提升为其提供战略支持的意愿。

印度之门,孟买,塔塔社会科学研究院阿卜杜尔·沙班(Abdul Shaban)提供

纽约

纽约市

地理面积：1 214 40 平方公里

总人口：8 175 133

城市居住人口占全国人口百分比：2.6%

教育水平——学位及以上水平人口百分比：33.3%

2008年人均国内生产总值（购买力平价）：73 300 美元

创意产业就业人口百分比：8%

长久以来，纽约把自己实力提升和经济成功与其对艺术和文化的投资联系起来。在它19世纪早期赶超波士顿和后来赶超欧洲大城市的渴望中，纽约的文化生活成为这座城市更广泛的活力的象征。从卡内基音乐厅到纽约现代艺术博物馆，"公共—私人"的合作关系将市民的梦想与富有的慈善家相连结，赋予了这个城市世界一流的非营利文化机构。随之发生的是，从百老汇剧院到嘻哈文化，纽约处处彰显其巨大的文化活力。这座城市还是一个庞大的艺术和创意产业的商业市场，从艺术品拍卖到时尚、设计和广告，一应俱全。

这种创意能量不仅仅存在于曼哈顿。创意活动和特定地区的不稳定联系，界定并重新界定了城市的各个部分。从20世纪50年代的格林尼治村（Greenwich Village）到60年代

纽约，时报广场之夜，摄影：詹·戴维斯（Jan Davis），纽约文化事务局提供

埃利亚松设计的纽约瀑布（夜晚的布鲁克林大桥）摄影：朱利安·斯坎（Julienne Schaer），由纽约文化部提供

的苏豪（SoHo），70年代的翠贝卡（TriBeCa），80年代的威廉斯堡（Williamsburg），再到新千年的邓波（Dumbo），纽约的创造力在不同的区域之间转移及重塑。这种进程在继续，艺术家们的参与帮助复兴了布什维克、布鲁克林、长岛、皇后区、布朗克斯的莫特黑文，以及斯塔顿岛的圣乔治。

这种流动性在一定程度上是由纽约高度的多样性造成的。几百年来，纽约始终是美国移民的重要门户之一，同时，它一直拥有大量的外国出生的人口（目前是总人口的37%），他们在纽约的文化融合中添加了自己带来的文化。这座城市给居民和来访者所提供的文化产品应有尽有，从中国京剧到捷克木偶剧院，再到邦巴舞（Bomba）的课程。

纽约优先考虑的是文化在经济发展中的作用。这不但包括其直接的就业效益以及其非直接效益。纽约相信，艺术家和文化组织的参与可吸引其他寻找创意人才的企业、想体验纽约提供的独有机遇的学生们，以及来自世界各地的游客们。在过去十年里，游客数量上涨了30%，其中，国际游客尤其被这座城市的文化供给所吸引。

虽然纽约的地位令人羡慕，但它也面临着

挑战。在全球经济承受压力时期，维持一个效益难以量化的部门显得日益困难。那么，城市如何将其文化优势的价值发挥到极致？当地政府扶持文化的最引人注目的方式，可能是清晰地理解不同形式和规模的文化活动的互相关联性，以及跨越赢利机构和非营利组织的边界的意愿。评论家约翰·霍金斯（John Howkins）将这一观念称为创意"生态"，即一个众多元素互相依存的生态体系。

纽约继续大量投资以提升其创意"生态"。它认识到，繁荣的文化并不仅仅依靠一些世界级的机构来打造。为此，纽约将几乎一半的政府文化资助拨给了小型组织。政府也经营着一个健全的基本建设项目的投资组合。从林肯中心为爵士乐打造的新家、美洲华人博物馆的重大扩建、布鲁克林儿童博物馆，到纽约植物园的节能温室，这些项目经常有世界顶级建筑师的参与，并总是发挥民间资本的杠杆作用。此外，纽约城鼓励并支持引人注目的公共艺术项目，比如克里斯托（Cristo）和珍妮·克劳德（Jeanne Claude）创作的《门》（*The Gates*），以及奥拉夫·埃利亚松的《纽约瀑布》（*The New York City Waterfalls*）。这些都被视为战略投资，不仅可增强纽约的文化产业，还可张扬这座城市的个性并提升其生活质量。

到目前为止，面对技术引发的挑战和机遇，纽约的非营利性文化部门应对良好。像纽约大都会歌剧院在现场直播表演中率先使用高清视频技术这样的举措，增加了观众的兴趣和入场人次；而且很多艺术组织正在成功地利用社交媒体来营销他们的节目，并扩大受众的范围。

政府对商业创意活动的支持采取几种形式。纽约市旅游局（NYC & Company）制定了一些营销计划，兼有商业和非营利性的文化供给。在地区层面，诸如布鲁克林市区合作计划（Downtown Brooklyn Partnership）、上曼哈顿激活区域（Upper Manhattan Empowerment Zone）和服务哈莱姆（serving Harlem）这样的实体有助于扶持其社区的文化复兴。在过去的十年里，综合利用刺激税收和营销等手段，传媒和娱乐业市长办公室（Mayor's Office of Media and Entertainment）已经促成了本地影视制作呈几何级数增长。近期吸引技术公司的举措建立和增强了城市的创新人才储备。

因此，纽约似乎处于能保持其当前地位的良好态势。在全球化的世界里，在任何领域保持卓越地位都再也不是理所当然的。经济实力、对观念和移民都开放的政策、新晋艺术家得以立足的空间，以及世界顶级的文化资产的组合都将确保纽约依然是世界上文化最激动人心的城市之一。

纽约市文化事务部
www.nyc.gov/culture
纽约市·官方指南
http://nycgo.com

巴黎

巴黎大区

地理面积：12 012 平方公里
总人口：11 797 021
城市居住人口占全国人口百分比：18.8%
教育水平——学位及以上水平程度人口百分比：35.8%
2008年人均国内生产总值（购买力平价）：56 900 美元
创意产业就业人口百分比：8.8%

巴黎从围困、瘟疫、战争、革命和异国占领中幸存下来，成为全世界文化生活的伟大中心之一。在文学、音乐、电影，以及可能是最为重要的视觉艺术方面，这个城市的居民为文化创新作出了巨大贡献。数据显示，巴黎人也是重要的文化消费者，支持了范围广泛的场馆。在它的后殖民时期，这座城市也变得异常多元化和多种族化，进一步开创了创新和融合的可能性。

巴黎是全世界公认的卓越创意中心，以其"生活的艺术"（art de vivre）闻名于世。它的咖啡馆、酒吧、艺术电影院、非主流剧院、二手书报摊和美丽的街景深深地吸引了游客——比如，卢浮宫是世界上游客量最大的博物馆。创意产业构成了巴黎地区的战略性部门（提供了全部就业的9%），并且为城市的国际吸引力做出了巨大贡献。从2005年起，巴黎大区的地区经济战略将文化创意产业确定为经济发展的优先领域（本报告中有关巴黎的统计数字均指巴黎大区行政区域）。

通过与法国"文化例外"有关的法律和法规，法国政府致力于这一领域的激进政策。这一资助体系旨在保持强大的文化供给并降低接触文化的机会不均等。巴黎将文化多元化以及文化产品的独立制作和发行视为己任（比如，法国电影占每年全国放映的600部影片中的50%）。然而，从书店到电影制作的部分创意部门，依然面临转变商业模式的压力，特别是数字技术的兴起（尽管根据数字显示，巴黎在很多方面的起点甚高）。

尽管旅游者们的存在提供了数以百万计的潜在消费者，巴黎中心城区的现实——高额租金，受保护的建筑和文化遗产所在地——使得文化创意产业难以在此发展。然而，艺术家们仍希望接触城市中心的能量和财富，因此，巴黎的公共文化部门把很多激发城市创造力的最有趣的举措放在巴黎的边缘区域。

有两个例子有助于说明这一趋势。在"文化大巴黎"（Greater Paris of Culture）项目的支持下，欧洲电影城将在圣丹尼斯的一个废弃的发电站建成，位于"创造区域"（Territoire de la création）创意产业园区的中心位置。电影城是法国电影导演吕

同志骄傲大游行，巴士底广场，巴黎，摄影:阿尔弗雷德（Alfred）/Sipa图片新闻社/巴黎大区旅游局

克·贝松（Luc Besson）的创意。该电影城定于2012年开放，将为电影制作提供全面的支持服务，在一个地方解决电影制作的所有问题。

第二个例子是104艺术中心（Le Centquatre）。这座建筑物位于文化多元而经济贫困的第十九区，该建筑曾经是国葬的殡仪馆，现在则容纳各种场所和形形色色的艺术家。建筑物为艺术家们提供工作室，可供其使用数个月。作为回报，艺术家允许公众观摩他们正在创作的作品，其目的就是以文化生产的过程来吸引公众（有时会允许他们参与这些过程）。它面向所有艺术领域开放：戏剧、舞蹈、音乐、电影和视频，以及烹饪、数码和城市艺术，同时艺术中心还建立一个孵化器。

新的"非主流"艺术形式是城市新鲜活力的另一来源。这个地区的文化政策试图给予这些艺术形式一个更为体制化的身份。2010年11月由巴黎市推出的"巴黎艺术中心"(La Gaîté Lyrique)就是一个新文化机构，致力于各种形式的数字文化和城市文化。它位于巴黎中心的一幢150年历史的建筑物里，集文化遗产和建筑于一身：希望在这里为乐于使用的艺术家们提供一个便利设施的"工具箱"。通过它的设计和尖端的设备，这个中心强调了当代的"巴黎生活艺术"(Parisian art de vivre)，其设备包括一个资源中心，一个咖啡馆，各种节目和艺术制作，以及供艺术家所使用的新技术。

巴黎创意生活的未来似乎将要依赖于以这种方式来调和新旧事物。虽然城市中心的传统文化依然对游客具有巨大的吸引力，但它有着成为"露天博物馆"的危险。应对的方法是发展新艺术形式和技术的创新平台，以及鼓励跨行业合作，使城市生机勃勃的文化现实更加显而易见，找到这座城市文化推进的道路。

法国巴黎城市规划与治理协会，创意经济研究
www.iau-idf.fr/nos-etudes/sous-theme/economie-creative.html
巴黎市
www.paris.fr
巴黎大区
www.iledefrance.fr

圣心教堂，巴黎
摄影：W. Alix/SIPA图片新闻社/巴黎大区旅游局

上海

上海市
地理面积：6340.5平方公里
总人口：23 474 600
城市居住人口占全国人口百分比：1.7%
教育水平——学位及以上水平人口百分比：42.9%
2008年人均国内生产总值（购买力平价）：15 300美元
创意产业就业人口百分比：7.4%

上海在充满战争、租界和革命动荡的20世纪崛起为中国大陆的第一大城市和商业中心。长久以来，上海的城市规模、富庶程度和作为重要港口的地位使其成为中国最具世界性的城市之一。曾被誉为"东方巴黎"的上海，20世纪30年代早期曾有70 000外国人在此居住，随后的数年中，又有数以万计的犹太难民流入这座城市。

正当中国势不可挡地迈向全球最大的经济体之时，上海正努力将自己重建为世界都市。这座城市可以说已经成为中国在现代化进程中最具活力和世界性的地方。作为中国产业转型和社会变革的一部分，上海出台了建设"四个中心"战略（Four Centers Strategy），旨在将城市发展为卓越的国际金融、贸易、航运和经济中心。同时，上海也认识到提升文化形象将是达到"世界城市"地位的必要步骤。

根据中国的衡量标准，上海是一个开放而多元化的城市，兼具欧洲和美国的影响。然而，过去一个世纪的遗留问题意味着，要和纽约、东京和伦敦这样的城市相比，上海还需要在很多方面迎头赶上。同时，它还面临着和中国其他城市的竞争，特别是北京和香港。因此，上海已启动了一项被称为"后世博"发展阶段的目标宏伟的文化发展项目。

2010年在上海举办的世博会之于这座城市具有分水岭的意味——正如奥运会之于北京。上海的后世博文化战略的目标是在2020年之前将上海建设成为国际文化大都市。把这座城市建设成为创意设计中心、国际文化交流中心和国际时尚中心，以及现代文化产业和创意人才的枢纽。人们期望，在2020年以前，上海的文化软实力和国际影响力均得以增强。

这座城市采取了很多有效措施来实施这个战略。首先，上海正在开发一系列新的公共文化设施，包括中华艺术宫，上海当代艺术博物馆，上海世博博物馆和上海儿童艺术剧院等。其次，将通过对人民广场和西藏路区域的重新布局，规划并建设一个戏剧表演艺术集聚区。第三，将对西虹桥地区的文化设施进行改进和升级，以建立一个舞蹈表演艺术集聚区和虹桥国际舞蹈中心。

上海浦东夜景，上海戏剧学院提供

此外，上海还在筹划若干其他举措，特别是计划进一步打造城市的节庆和盛典活动。上海还试图建立人才发展的相关政策，并推出若干与西方的商业创意组织合作的大型项目，比如上海迪士尼乐园和东方梦工厂。

城市的文化组织结构也在发生变化。曾经的国有文化企业正转型为以市场为导向的公司体系。这在一定程度上反映出一种信念：创意和技术的融合正在为这座城市的文化创意产业创造重要的新机遇。中小企业和小微企业在文化创意产业发展中发挥着越来越重要的作用。

这也许表明，上海比很多其他世界城市更愿意模糊政府补贴的文化和商业文化的界限。文化和创意对创新导向的经济增长的贡献被优先考虑。正如这座城市所说："文化不仅反映了一个城市的软实力，还决定了它的创意活力。"这一概念奠定了这座城市100多个创意产业园区的发展基础。这些园区包括曾是一个巨大的屠宰场的"1933"，它集商业性创意产业，以及办公、高端零售和餐饮于一身；还有M50艺术园区，它是由曾经的纺织厂改建而来，现在已容纳超过120个画廊和工作室。

上海凭借其高计划性的方式以及强调文化对社会和经济发展的贡献，从而采取了与西方世界城市有些不同的发展方式。这在某种程度上反映出它独特的政治结构和对文化作用的认识：上海认为文化"是国家凝聚力的重要来源"。在西方的世界城市里，创造性活力多来自于年轻而多样化的人口以及"非主流"的艺术形式。相比之下，上海的人口老龄化很快（由非常低的人口出生率造成）。此外，上海在多元化的一些指标上都得分不高，比如外国留学生的数量或是城市居住的国外出生人口的百分比。另外，虽然这座城市声称"人人参与人人获得"是一个文化目标，目前的参与率仍相对较低。如果上海要实现成为文化发电站的雄心，它必须设法在其计划导向的发展方式，文化活动允许新形式所需的智力和物理空间以开发并找到受众的需求之间进行协调，并为这些新型文化活动拓展观众。

上海市文化广播电影电视局
http://wgj.sh.gov.cn
上海文化创意产业信息服务平台
http://shcci.eastday.com
上海戏剧学院
www.sta.edu.cn

上海时尚，摄影：Wuzhe & Shenghua，上海戏剧学院提供

悉尼

悉尼大都会区
地理面积：12 144.50 平方公里
总人口：4 575 532
城市人口占全国人口百分比：20.5%
教育水平——学位及更高水平人口百分比：35%
2008 年人均国内生产总值（购买力平价）：48 900 美元
创意产业就业人口百分比：5.3%

悉尼的文化生活是正式的和标志性事物的混合，由其主要的文化机构，以及其艺术家和创意团体的非正式、时而勇敢且具有挑战性的活动所代表。它的自然美景和气候条件塑造了悉尼繁荣、独特、时而令人惊奇的文化生活。

悉尼起初就是一个有着极其多样的背景和技能的陌生人的社会群落，由于各种不利环境而聚集在一起。悉尼三分之一的人口是外国出生人口，第二代移民数量更多，悉尼的当代文化反映了这种体验和文化的多样性。虽然它最明显地表现在其多元文化论，但也能在这座城市生活的其他方面看出端倪，包括它作为"同性恋之都"的角色。

悉尼文化生活的活力很大程度上是由其气候和壮观的自然环境塑造的。以悉尼港湾大桥

悉尼多彩节中的悉尼歌剧院，摄影：保罗·帕特森（Paul Patterson），悉尼市政府提供

为焦点的悉尼新年夜是全球规模最大、最具识别度的新年庆典。而悉尼很多成功的大型活动都是整体或部分地在室外举行，比如悉尼狂欢节，澳洲短片电影节（Tropfest），海滨雕塑展，悉尼同性恋大游行以及悉尼双年展，都充分地利用了这些田园诗般的自然条件。

悉尼的中国新年是除了东亚和东南亚之外全球规模最大的一个，与帕拉马萨拉（Parramasala）这个悉尼南亚艺术和文化的庆典共同展示了悉尼多元化的社区，以及悉尼在亚太地区中文化发动机的角色。除了主要的大型活动和基础设施之外，这座城市的"日常"文化体验还包括永久的或临时的公共艺术作品，突发性的大型活动，以及各种小型活动的微妙平衡，反映了悉尼日常生活的文化结构的分层。

澳大利亚作家大卫·马洛夫（David Malouf）说道，当我们想到其他地方的时候，首先浮现在我们脑海中的那些标志着它们对世界的贡献的内容——城市身份或风格——正是它们创造的艺术：书籍，绘画，电影，它们的管弦乐队和歌剧院，美术馆和音乐。任何一个城市的丰富而充满活力的文化生活都需要一个由不同领域的艺术家、社团和文化组织组成的生态系统——从小规模的非主流艺术到进行国际性演出和表演的艺术家。悉尼多元化的文化生态系统在另一个方面加强了它作为一个有着很多文化形式的城市的独特气质和身份。

天使广场鸟笼，悉尼，摄影：保罗·帕特森（Paul Patterson），悉尼市政府提供

今日，悉尼歌剧院、悉尼话剧团、悉尼交响乐团、贝尔瓦剧院（Belvoir）、火种舞蹈团（Bangarra Dance Theatre）以及许多悉尼本土的艺术家、演员和作家享誉全球。然而，悉尼的文化同样以其非主流和非正式文化扮演不可或缺的角色而著称。这一点体现在它兴旺的现场音乐演出场景，既包括大型场地，又包括很多以年轻或新晋音乐家为焦点的规模小些的演出。这种边缘活力在各种文化形式中也很明显，比如卡巴莱歌舞（cabaret），喜剧，临时性活动，电影短片，艺术家运营的活动和团体，独立的舞蹈和戏剧团体，以及日渐流行的创意和谈话节目，所有这些文化形式给不同人群提供了不同的切入点和参与点。即使是这座城市大规模的国际知名的活动也得到了数以百计的艺术家和演员的创造性努力的推动。

悉尼文化的这种平易近人，可能最好地体现在悉尼标志性的独立表演、视觉艺术和跨界艺术场景之中。这种文化活动通常是由艺术家自主举办的，非常民主并且提供了价格合理的表演或展览机会，还为参与其他领域的文化活动提供了机会，比如营销、写作、策展、灯光、声音设计和布景设计。悉尼艺术的参与率的优势同时体现为工艺品市场的显著增长，这表明这座城市恢复了对手工制品的兴趣。这种趋势得到了诸如 Etsy 网络商店平台之类的数字传播渠道以及对半专业艺术培训日益增长的需求的支持。该趋势指出了非专业或半专业的创意制作人"主动的"文化参与的增长，并体现了艺术家和观众之间的无第三方中介的新型关系正在形成。

澳大利亚政府认识到创意产业对澳大利亚国内生产总值的贡献（几乎与美国，加拿大和法国相当），所以最近在悉尼建立了联邦政府创意产业创新中心（Federal Government's Creative Industries Innovation Centre）。悉尼拥有澳大利亚最大的创意工作者，而且近年来，一些充满活力的创意区和创意园已经在悉尼涌现出来。随着创意产业重要性的增长以及创意产业与更传统的商业结构和网络的整合，扶持这个部门的劳动力将是政府当局未来几年的工作重点。

在未来几年里，悉尼的文化景观将再次改观。市区及城市周围重要的大规模城市开发的项目所在地，包括巴兰加鲁（Barangaroo），达令港（Darling Harbour），沃尔什湾（Walsh Bay），绿色广场（Green Square）以及蓝山（Blue Mountains）将见证一些世界级艺术和文化设施的建设，为城市将文化基础设施和活动嵌入规划创造机会。

悉尼正计划进一步褒奖和颂扬土著居民和托雷斯海峡岛民的文化遗产和当代文化。同时，一些原先孤立的文化机构，比如悉尼歌剧院、发电厂博物馆、当代艺术博物馆、海洋博物馆、悉尼话剧团、悉尼天文台以及新南威尔士美术馆之间，将建立实质性的以及象征性的联系。

虽然悉尼的文化生态还有很多其他因素，影响悉尼的文化生活方式的一些因素——城市的自然之美，休闲的生活方式和澳大利亚蓬勃的经济——也影响了新晋艺术家和文化制作人排练、表演、生活或工作所需空间的可得性。应对文化空间的支付能力，金融的可持续性以及组织容量的增长等挑战将成为未来几年这座城市文化发展的关键。

悉尼市
www.cityofsydney.nsw.gov.au
新南威尔士艺术
www.arts.nsw.gov.au

东京

东京都（东京辖区）
地理面积：2 130 平方公里
总人口：13 159 388
城市居住人口占全国人口百分比：10.3%
教育水平——学位及以上水平人口百分比：25.5%
2008 年人均国内生产总值（购买力平价）：41 300 美元
创意产业就业人口百分比：11.2%

虽然东京是近 500 年来日本最重要的城市，但它是靠从第二次世界大战的灰烬中奇迹般地复苏而崛起成为世界城市的。日本公司和他们出了名的勤劳的员工造就了一个"经济奇迹"，在 20 世纪 80 年代末将日本打造为世界上最富裕的国家之一。这一崛起在文化方面也有呼应。日本的流行文化元素，如卡拉OK、日本漫画和寿司吧等传遍了全球；而索尼随身听之类的创意产品塑造了世界体验文化的方式。日本的艺术家们，无论是小津安二郎（Yasujiro Ozu）和黑泽明（Akira Kurosawa）那样的电影导演，还是三宅一生（Issey Miyake）和川久保玲（Rei Kawakubo）那样的时装设计师，都凭借他们作品的原创性和高品质赢得了世界声誉。然而，

由东京都政府提供

日本仍然与其他的世界城市不同。它吸引的游客从未达到巴黎或者纽约那样的规模，而它的民族多样性和留学生数量也达不到伦敦或悉尼那样的水平。然而，东京的多元化发展另辟蹊径，具有始料未及的多种形式。由于其文化的博大精深，旅游者甚至是这座城市的居民都难以完全了解东京的文化。

20 世纪 90 年代初期以来的长期的经济不景气导致了东京世界城市地位的相对衰落，而诸如上海和首尔等其他主要城市的崛起更增加了竞争。2011 年日本东部大地震的悲剧也引发了对社会优先事项的重新评估。目前，越来越多的人意识到：文化将在东京应对这些挑战的再造中起到重要作用。一些评论家称之为"新范式"。

那么，东京的特别优势何在呢？从日语中 bunka（文化）一词的丰富含义可见一斑：这个词意为"艺术生产"，也是"生活方式"，"生活质量"以及"安乐"之意。东京民众认为文化并不是孤立的或是"事不关己"的：正如这座城市所展示的那样，"在历史上，普通市民早已深入到丰富多样的艺术和文化活动之中"。东京文化的特点是"相互交流性和在文化参与率方面的高度平等"。消费者与创作者之间的界限，以及西方人有时称作"高雅"文化和"流行"文化之间的界限，都早已模糊。这样，普通市民在文化活动中作为独立参与者扮演主动的角色，成为东京文化独树一帜之处。文化因素存在于众多市民的生活之中，这形成了东京更博大的文化的丰富基础。

这座城市的第二大优势在于其传统与现代性的无缝连接。在东京，传统因素和现代因素在空间和时间上都息息相关。很多外国人认为这是一座极其现代化的城市，拥有摩天大楼、先锋的时尚和设计，以及高科技。然而，由于这座城市保留了很多传统的文化形式，包括古代神社和庙宇、能剧和歌舞伎以及落语表演，它依然是日本传统文化最重要的中心。东京有几个此类艺术的重要演出地点，比如歌舞伎座，国家能剧剧院和两国国技馆。东京比日本的其他城市有着更多的传统手工艺人。这种传统文化的集中为设计和建筑等领域的当代文化从业者提供了技术、价值观和灵感。

东京的各个地区彰显了东京文化的更明显地现代面貌。六本木、秋叶原、原宿以及涩谷等地区都各有其鲜明的文化——这座城市渴望培养这些文化。虽然东京不是一个西方意义上"多元文化"之都，但是东京对来自国外的理念和文化非常开放，并加以改造，为己所用。这一点在东京料理方面表现最为明显。东京在汲取国外料理经验的同时，对其加以改造，结果成为高档餐厅的全球最佳城市（根据米其林的评选）。

东京认识到需要通过一个战略投资计划来改进其文化供给。它相信有必要通过扶持文化设施和文化项目来培养其人力资源。东京艺术委员会（Tokyo Coucil for the Arts）始终坚持中长期的文化政策，为艺术提供更好的资助和支持，从而为引进和培养新人才创建平台。为此，东京热衷于升级现有的文化设施，同时开发新设施。比如，开发建设"本乡"（Tokyo Wonder Site）等，为新艺术（和艺术家）建立艺术中心。这座城市也扶持新的艺术节和项目，扩展了艺术家和艺术管理者充实经验的机会，为人力资源的培养提供舞台。2008年这座城市启动了东京文化创造工程（Tokyo Culture Creation Project），内容包括东京艺术节（Festival/Tokyo）六本木艺术之夜，惠比寿美术和另类视觉国际艺术节等等。最著名的计划之一是东京机场项目，该项目充当了一种形成区域文化中心并促进市民参与创意活动的独特机制。

由于东京正在准备申办2020年奥运会和残奥会，它希望在2020年时，能展示文化战略投资的成果以及支撑它的新思想。如果能成功的话，它将为这座城市带来很多机遇，以建立民众的新联系，并促进创意生产，同时吸收来自全世界的多元价值观念。同时，东京还将展示其各种文化的独特风采。于是，奥运会和残奥会有潜力进一步刺激平等、互动和宽容的东京文化，产生一个更深刻、更富生机和活力，并且更多元化的文化。

东京都政府
www.metro.tokyo.jp/ENGLISH/index.htm
东京都历史文化基金会
www.rekibun.or.jp/english/index.html
东京文化创造工程
www.bh-project.jp/index_e.html

由东京都政府提供

附录1：世界城市的遴选

《世界城市文化报告 2012》(*The World Cities Culture Report 2012*) 建立在稍早的一份研究报告《伦敦：一项文化审计 (2008)》(*London: A Cultural Audit 2008*) 的成果基础之上。那份报告调查了 5 个城市：伦敦，纽约，巴黎，上海和东京。《世界城市文化报告 2012》在这份名单中增加了其他 7 个城市。

由像萨斯基亚·萨森 (Saskia Sassen) 这样的学者或拉夫堡大学 (Loughborough University) 的全球化和世界城市小组所描述的世界（或全球）城市概念一直倾向于关注城市在世界经济和金融体系中的作用。遵循这一逻辑，一套客观标准（如经济财富和人口数字）作为缩减潜在候选者的方法，被用来确定某一特定城市的"全球重要性"(global importance)（并以此证明它应被包含于这一文化标杆研究中）。

一个初步选择框架将世界划分为不同的地理区域。我们在每个区域确定最大经济体（将国内生产总值按购买力平价排序），然后选择那个经济体的最大城市。由此给出了表 8 中的名单。

表 8 世界城市的遴选

地理区域	最大经济体 （将国内生产总值按购买力平价排列）	最大城市
欧洲	德国	柏林
西亚	土耳其	伊斯坦布尔
南亚	印度	孟买[①]
东亚	中国	上海
北美	美国	纽约
拉美和加勒比地区	巴西	圣保罗
非洲	南非	约翰内斯堡
大洋洲	澳大利亚	悉尼

来源：BOP 文化创意产业咨询公司 (2012)

[①] 从很多测量来看，孟买和德里有相似的人口数。据印度2011年人口普查 (the Indian Census 2011)，孟买是这个国家最大的直辖市，而大孟买是这个国家最大的城市群，但是当考虑更广的大都市区时，德里有更大的人口数。

这个初选的过程依据全球经济重要性确定了关键的世界城市。这些城市与原有名单上的5个城市放在一起，那5个城市全都是主要的经济竞争者，也是其所在国的最大城市。

第十二个，也是最后的一个城市也是通过一个类似的过程选出的。虽然作者们考虑过一些其他的城市，如莫斯科、多伦多或米兰，所有这些都是强大经济体的最大城市，但最后我们决定选择一个东南亚的城市作为第十二个比较对象。在已选的那11个城市中还没有代表这个区域的，但它却是世界经济中正崛起的力量。严格说来，上述标准原本会将我们引至雅加达，这个区域的最大经济体—印度尼西亚的最大城市。然而，我们反而选择了城邦国家新加坡。这个决定基于多种因素的结合：这个城邦国家相对的经济重要性（虽然与印尼的2.4亿人口相比它只有500万人口，但它的国内生产总值大约是印尼的30%）和其作为全球文化议程中领导者的重要性。例如，新加坡是该地区主要的旅游和航运中心。

附录2：数据表

世界城市文化基础设施和产出

城市	数据	日期	来源	备注
国家博物馆				
柏林	18	2010	文化资产报告——柏林博物馆目录	
伊斯坦布尔	7	2010	文化和旅游部	
约翰内斯堡	9	2012	南非视觉艺术网	
伦敦	11	2010	英国文化、传媒和体育部	
孟买	4	2012	塔塔社会科学院	
纽约	5	2012	艺术联盟 / 纽约艺术	
巴黎	24	2012	法国博物馆联合会	
圣保罗	1	2012	巴西矿业协会	拉萨塞加尔美术馆
上海	27	2010	上海市 2010 年文化文物事业统计资料	
新加坡	5	2010	新加坡文化统计资料——艺术文化景观	
悉尼	1	2010	新南威尔士州博物馆和画廊目录（在线检索）	国家海事博物馆
东京	8	2012	日本独立行政机构国家艺术博物馆	
其他博物馆				
柏林	140	2010	文化资产报告——柏林博物馆目录	
伊斯坦布尔	71	2010	文化和旅游部——伊斯坦布尔视觉艺术报告	
约翰内斯堡	51	2012	约翰内斯堡 2030 规划 / 南非视觉艺术网	
伦敦	162	2005	伦敦博物馆、图书馆和档案馆（2007）的事实和数据 / 独立博物馆协会	
孟买	6	2012	塔塔社会科学院	
纽约	126	2012	艺术联盟 / 纽约艺术 / 纽约州教育厅	
巴黎	113	2009	法国文化传媒部	
圣保罗	110	2012	圣保罗旅游局	
上海	87	2010	上海统计年鉴 2011	
新加坡	48	2010	新加坡文化统计资料——艺术文化景观	
悉尼	59	2010	新南威尔士州博物馆和画廊目录（在线检索）	
东京	39	2011	东京都政府 公民和文化事务局 / 日生基础研究所	

城市	数据	日期	来源	备注
公共图书馆				
柏林	88	2010	柏林——勃兰登堡统计局	
伊斯坦布尔	42	2010	土耳其统计局	
约翰内斯堡	234	2010	高腾图书馆/信息服务年度报告（2010）	
伦敦	383	2010	英国特许公共财务会计师公会 公共图书馆统计	
孟买	80	2012	塔塔社会科学院	
纽约	220	2009	博物馆和图书馆服务协会	
巴黎	830	2011	le Motif 机构	
圣保罗	116	2012	圣保罗规划局	
上海	477	2012	上海市文化广播影视管理局	
新加坡	25	2012	新加坡公共图书馆网站	
悉尼	154	2010	新南威尔士州国家图书馆，新南威尔士州公共图书馆目录（2010）	
东京	377	2009	东京都政府 一般事务局 统计处	
每十万人公共图书馆数量				
柏林	2.5	2010	柏林——勃兰登堡统计局	
伊斯坦布尔	0.3	2010	土耳其统计局	
约翰内斯堡	2	2010	高腾图书馆/信息服务年度报告（2010）	
伦敦	5	2010	英国特许公共财务会计师公会 公共图书馆统计	
孟买	0.006	2012	塔塔社会科学院	
纽约	3	2009	博物馆和图书馆服务协会	
巴黎	7	2011	Le Motif 机构/法国国家统计和经济研究局	
圣保罗	1	2012	圣保罗规划局	
上海	2	2012	上海市文化广播影视管理局	
新加坡	0.5	2012	新加坡公共图书馆网站	
悉尼	3	2010	新南威尔士州国家图书馆，新南威尔士州公共图书馆目录（2010）	
东京	3	2009	东京都政府 一般事务局 统计处	

城市	数据	日期	来源	备注
每年公共图书馆借出书数量（百万册）				
柏林	23.58	2010	柏林——勃兰登堡统计局	
伊斯坦布尔	0.12	2010	土耳其统计局——文化统计资料	
约翰内斯堡	9.01	2010	高腾图书馆/信息服务年度报告（2010）	
伦敦	37.2	2010	英国特许公共财务会计师公会 公共图书馆统计	
孟买	2.05	2011	塔塔社会科学院	
纽约	68.04	2010	图书馆信息数据库	
巴黎	47	2011	le motif 机构（巴黎大区文学和图书观测中心）	
圣保罗	0.84	2012	圣保罗规划局	
上海	58.69	2010	上海统计年鉴2011/上海戏剧学院	
新加坡	33.2	2010	国家图书馆委员会——新加坡文化统计资料（2011）	
悉尼	20.83	2010	澳新国家图书馆	
东京	112.24	2009	东京都政府 一般事务局 统计处 管理和协调科	
每年公共图书馆人均借阅量				
柏林	6.81	2010	柏林——勃兰登堡统计局	
伊斯坦布尔	0.0085	2010	土耳其统计局——文化统计资料	
约翰内斯堡	0.8	2010	高腾图书馆和信息服务年度报告（2010）	
伦敦	4.8	2009	英国特许公共财务会计师公会 公共图书馆统计(2009-10)	由国家数据估算而得
孟买	0.16	2011	塔塔社会科学院	
纽约	8.32	2010	图书馆信息数据库	
巴黎	3.95	2011	le Motif 机构/法国国家统计和经济研究局	
圣保罗	0.07	2011	圣保罗规划局	
上海	2.5	2010	上海统计年鉴2011/上海戏剧学院	
新加坡	6.5	2010	国家图书馆委员会——新加坡文化统计资料（2011）	
悉尼	4.55	2010	澳新国家图书馆	
东京	8.64	2009	东京都政府 一般事务局 统计处 管理和协调科	

城市	数据	日期	来源	备注
联合国教科文组织世界遗产所在地				
柏林	3	2012	联合国教科文组织	
伊斯坦布尔	1	2012	联合国教科文组织	
约翰内斯堡	1	2012	联合国教科文组织	
伦敦	4	2012	联合国教科文组织	
孟买	2	2012	联合国教科文组织	
纽约	1	2012	联合国教科文组织	
巴黎	4	2012	联合国教科文组织	
圣保罗	0	2012	联合国教科文组织	
上海	0	2012	联合国教科文组织	
新加坡	0	2012	联合国教科文组织	
悉尼	2	2012	联合国教科文组织	
东京	1	2012	联合国教科文组织	
其他遗产/遗址数量				
柏林	8689	2011	柏林古迹名录	
伊斯坦布尔	30188	2010	土耳其统计局——文化统计资料	
约翰内斯堡	281	2011	高腾省遗产资源局	
伦敦	18901	2011	英格兰遗产——遗产统计伦敦报告（2011）	
孟买	42	2012	塔塔社会科学院	
纽约	1482	2012	纽约地标保护委员会	
巴黎	3792	2009	法国文化传媒部	
圣保罗	12	2012	巴西文化部秘书处	
上海	2049	2010	上海年鉴2011	
新加坡	63	2010	古迹保护委员会——新加坡文化统计资料（2011）	
悉尼	783	2012	澳大利亚遗产数据库	
东京	419	2012	日本文化厅/日生基础研究所	

城市	数据	日期	来源	备注
公共绿地百分比（公园和花园）				
柏林	14.4%	2011	柏林官网	
伊斯坦布尔	1.5%	2009	城市时代	
约翰内斯堡	24%	2002	环境状况报告，约翰内斯堡市（2009）	并非仅高腾地区，而是约翰内斯堡都市区的数据
伦敦	38.4%	2003	城市时代	
孟买	2.5%	2011	塔塔社会科学院	
纽约	14%	2012	纽约市政厅休闲娱乐处	
巴黎	9.4%	2009	法国城市规划研究所	
上海	2.6%	2012	上海市文化广播影视管理局	
新加坡	47%	2011	国家公园委员会	
悉尼	46%	2010	新南威尔士州规划部	
东京	3.4%	2011	"公园纵览"，东京都政府建设局	
剧院				
柏林	56	2010	德国戏剧协会剧院统计（2009/2010）	
伊斯坦布尔	184	2010	文化和旅游部——伊斯坦布尔表演艺术报告	
约翰内斯堡	24	2012	约翰内斯堡2030规划/南非视觉艺术网	
伦敦	214	2010	英格兰艺术委员会和伦敦旅游局	
孟买	120	2012	塔塔社会科学院	
纽约	420	2012	艺术联盟/纽约艺术	
巴黎	353	2011	法国国家电视局	
圣保罗	116	2012	圣保罗旅游局	
上海	97	2010	上海市2010年文化文物事业统计资料	
新加坡	55	2012	新加坡街道指南/新加坡AlloExpat公司	
悉尼	73	2012	澳大利亚现场表演/黄页	
东京	230	2012	剧院指南目录/日生基础研究所	

城市	数据	日期	来源	备注
所有剧院的年文艺演出场次				
柏林	6900	2010	德国戏剧协会剧院统计（2009/2010）	
伊斯坦布尔	6349	2010	文化和旅游部——伊斯坦布尔表演艺术报告	
约翰内斯堡	5000	2011	南非视觉艺术网	
伦敦	32448	2012	Time Out 伦敦	由周数据扩大而得
孟买	8750	2012	塔塔社会科学院	
纽约	43004	2012	Time Out 纽约	由周数据扩大而得
巴黎	26676	2011	法国娱乐指南	由周数据扩大而得
上海	15618	2010	上海市2010年文化文物事业统计资料/上海文化年鉴2011	
新加坡	2421	2010	国家艺术理事会——2011新加坡文化统计资料	
悉尼	4966	2012	Time Out 悉尼	由周数据扩大而得
东京	24575	2008	Pia研究所/日生基础研究所	由周数据扩大而得
现场音乐表演场地数量				
柏林	250	2012	柏林官网	
伊斯坦布尔	91	2010	文化和旅游部——伊斯坦布尔音乐产业报告	
约翰内斯堡	46	2012	南非音乐版权组织/南非视觉艺术网	
伦敦	349	2011	Time Out 伦敦/地下音乐指南（2011）/伦敦观光网	
孟买	98	2012	塔塔社会科学院	
纽约	277	2012	艺术联盟/纽约艺术	
巴黎	423	2012	黄页	
圣保罗	294	2011	圣保罗旅游局	
上海	44	2012	上海戏剧学院	
悉尼	69	2012	About.nsw.org网，新南威尔士现场音乐表演场地目录/BOP文化创意产业咨询公司	
东京	385	2012	乐享东京指南	

城市	数据	日期	来源	备注
主要音乐厅				
柏林	2	2012	德国联邦统计局	
伊斯坦布尔	6	2010	文化和旅游部——伊斯坦布尔音乐产业报告	
约翰内斯堡	4	2012	南非视觉艺术网	
伦敦	10	2011	伦敦旅游局/BOP文化创意产业咨询公司	
孟买	2	2012	塔塔社会科学院	
纽约	15	2012	BOP文化创意产业咨询公司	
巴黎	15	2012	音乐之都媒体中心/法国城市规划研究所	
圣保罗	7	2012	圣保罗旅游局	
上海	4	2012	上海戏剧学院	
新加坡	8	2012	BOP文化创意产业咨询公司	
悉尼	4	2012	BOP文化创意产业咨询公司	
东京	15	2011	日生基础研究所	
每年音乐演出场次				
约翰内斯堡	7400	2012	南非视觉艺术网	
伦敦	17108	2012	Time Out 伦敦	由周数据扩大而得
孟买	593	2012	塔塔社会科学院	
纽约	22204	2012	Time Out 纽约	由周数据扩大而得
巴黎	33020	2012	巴黎音乐会指南	
上海	3356	2008	中国文化部	
新加坡	2418	2010	国家艺术理事会——2011新加坡文化统计资料	
悉尼	1014	2012	Time Out 悉尼	由周数据扩大而得
东京	15617	2008	Pia 研究所 2009	

城市	数据	日期	来源	备注
喜剧俱乐部数量				
柏林	15	2012	德国黄页	
伊斯坦布尔	1	2011	Istanbul.net.tr 网	
约翰内斯堡	1	2011	南非视觉艺术网	
伦敦	18	2012	Time Out 伦敦	
孟买	1	2012	塔塔社会科学院	
纽约	48	2012	BOP 文化创意产业咨询公司	
巴黎	45	2012	法国娱乐指南	
圣保罗	1	2012	圣保罗娱乐指南	
新加坡	1	2012	BOP 文化创意产业咨询公司	
悉尼	3	2012	BOP 文化创意产业咨询公司	
每年喜剧秀/喜剧演出场次				
约翰内斯堡	508	2011	南非视觉艺术网	
伦敦	11388	2012	Time Out 伦敦	由周数据扩大而得
孟买	217	2012	塔塔社会科学院	
纽约	11076	2012	Time Out 纽约	由周数据扩大而得
巴黎	10348	2012	法国娱乐指南	由周数据扩大而得
圣保罗	300	2012	圣保罗娱乐指南	
新加坡	416	2012	Time Out 新加坡	由周数据扩大而得
悉尼	432	2012	Time Out 悉尼	由周数据扩大而得
东京	8452	2008	Pia 研究所 2009/日生基础研究所	由国家数据估算而得

城市	数据	日期	来源	备注
每年舞蹈演出场次				
柏林	111	2010	德国戏剧协会剧院统计（2009/2010）	
伊斯坦布尔	154	2010	土耳其统计局——文化统计资料	
约翰内斯堡	250	2012	南非视觉艺术网	数字只含当代舞表演
伦敦	2756	2012	Time Out 伦敦	由周数据扩大而得
孟买	130	2012	塔塔社会科学院	
纽约	6292	2012	Time Out 纽约	由周数据扩大而得
巴黎	3172	2012	法国娱乐指南	由周数据扩大而得
圣保罗	100	2012	圣保罗娱乐指南	
上海	1686	2008	中国文化部	
新加坡	1572	2010	国家艺术理事会——2011新加坡文化统计资料	
悉尼	283	2012	Time Out/ 特玛捷票务 / 悉尼歌剧院	估算 / 由周数据扩大而得
东京	1598	2008	Pia 研究所 2009/ 日生基础研究所	由国家数据估算而得
艺术画廊				
柏林	421	2012	柏林画廊协会	
伊斯坦布尔	267	2010	文化和旅游部	
约翰内斯堡	76	2012	南非视觉艺术网	
伦敦	857	2012	BOP 文化创意产业咨询公司	
孟买	152	2012	塔塔社会科学院	
纽约	721	2012	艺术联盟 / 纽约艺术和美国艺术经销商协会 / 艺术收集网	
巴黎	1046	2012	有轨电车 / 黄页	
上海	208	2010	上海市文化广播影视管理局 / 上海文化统计概览 2011/ 上海戏剧学院	
新加坡	252	2012	BOP 文化创意产业咨询公司	
悉尼	122	2012	新南威尔士州博物馆和画廊目录 /BOP 文化创意产业咨询公司	
东京	688	2011	东京都政府 公民和文化事务局 /Bijutsu-Nenkansha（2011）/ 日生基础研究所	

城市	数据	日期	来源	备注
专业公立文化高等教育机构				
柏林	5	2012	教育和学生门户网站（德国）	
伦敦	11	2010	高等教育统计局（2011）	
孟买	18	2012	塔塔社会科学院	
巴黎	30	2010	法国文化传媒部	
圣保罗	2	2012	圣保罗州立大学——艺术与音乐学院和圣保罗大学——艺术传媒学院	
上海	5	2010	上海教育统计手册2011	
悉尼	2	2012	澳大利亚大学协会	
东京	1	2012	日生基础研究所	
专业私立文化高等教育机构				
柏林	12	2012	柏林官网/Movie-college.de网	
约翰内斯堡	24	2012	南非视觉艺术网	
伦敦	46	2012	BOP文化创意产业咨询公司	
纽约	12	2011	城市未来中心	
巴黎	73	2011	法国学生指南/法国城市规划研究所 (Visiaurif)	
圣保罗	4	2012	圣保罗市政府	
上海	18	2011	上海市教委规划处	
新加坡	2	2012	教育部——教育统计文摘2011	
悉尼	20	2012	澳大利亚大学协会	
东京	16	2012	日生基础研究所	

城市	数据	日期	来源	备注
专业艺术与设计公共院校学生人数				
柏林	5091	2009	教育和学生门户网站（德国）	
伦敦	34920	2010	高等教育统计局（2011）	
孟买	1375	2011	塔塔社会科学院	
巴黎	14024	2010	法国文化传媒部/巴黎国立塞维尔瓷器厂/法国巴黎工商会	
上海	13324	2010	上海教育统计手册2011	
悉尼	15571	2010	澳大利亚戏剧艺术学院/澳大利亚	
东京	24120	2011	东京市政府 公民和文化事务局/日生基础研究所	
综合性大学艺术与设计学位课程学生人数				
伊斯坦布尔	774	2010	文化和旅游部——伊斯坦布尔视觉艺术报告	
约翰内斯堡	9066	2010	高等教育部	
伦敦	15745	2010	高等教育统计局（2011）	
上海	43501	2012	上海市教委规划处	
新加坡	7660	2010	国家艺术理事会——2011新加坡文化统计资料	
悉尼	13972	2010	澳大利亚教育部，学生高等教育统计手册（2010）	
东京	25444	2011	东京都政府 公民和文化事务局/日生基础研究所	

城市	数据	日期	来源	备注
业余舞蹈学校数量				
柏林	104	2012	黄页	
伊斯坦布尔	98	2012	黄页	
约翰内斯堡	36	2012	南非视觉艺术网	
伦敦	618	2012	黄页	
纽约	682	2012	纽约市表演艺术中心	
巴黎	715	2012	黄页	
圣保罗	29	2012	圣保罗城市指南	
上海	438	2012	大众点评网	
新加坡	89	2012	新加坡商务指南电子导览	
悉尼	441	2012	黄页	
东京	748	2012	日本电报电话公司/日生基础研究所	
电影院				
柏林	94	2011	德国电影基金会	
伊斯坦布尔	118	2010	文化与旅游部——伊斯坦布尔电影产业报告	
约翰内斯堡	47	2012	南非国家电影与录像基金会/南非视觉艺术网	
伦敦	108	2010	英国电影协会统计年鉴（2011）	
孟买	105	2012	塔塔社会科学院	
纽约	117	2012	Cinematreasures.org 网 /mrmovietimes.com 网	
巴黎	302	2010	法国国家电影局	
圣保罗	45	2011	圣保罗电影局	
上海	230	2012	上海市文化广播影视管理局	
新加坡	34	2010	BOP 文化创意产业咨询公司	
悉尼	67	2011	澳大利亚电影修复公司	
东京	82	2010	工业统计办公室，研究和统计部，经济和产业政策局，经济、贸易和产业部	

城市	数据	日期	来源	备注
影院屏幕数				
柏林	266	2011	德国电影基金会	
伊斯坦布尔	501	2010	文化与旅游部——伊斯坦布尔电影产业报告	
约翰内斯堡	368	2012	南非国家电影与录像基金会/南非视觉艺术网	
伦敦	566	2010	英国电影协会统计年鉴（2011）	
孟买	232	2012	塔塔社会科学院	
纽约	501	2012	Cinematreasures.org网/mrmovietimes.com网	
巴黎	1003	2010	法国国家电影局	
圣保罗	282	2011	圣保罗电影局	
上海	670	2010	上海年鉴2011	
新加坡	239	2010	BOP文化创意产业咨询公司	
悉尼	295	2012	澳大利亚电影修复公司/澳大利亚影视协会	由地区数据估算而得
东京	334	2010	工业统计办公室，研究和统计部，经济和产业政策局，经济、贸易和产业部	
每百万人口影院屏幕数				
柏林	77	2011	德国电影基金会	
伊斯坦布尔	38	2010	文化与旅游部——伊斯坦布尔电影产业报告	
约翰内斯堡	33	2012	南非国家电影与录像基金会/南非视觉艺术网	
伦敦	73	2010	英国电影协会统计年鉴（2011）	
孟买	19	2012	塔塔社会科学院	
纽约	61	2012	Cinematreasures.org网/mrmovietimes.com网	
巴黎	85	2010	法国国家电影局	
圣保罗	25	2011	圣保罗电影局	
上海	28	2010	上海年鉴2011	
新加坡	47	2010	BOP文化创意产业咨询公司	
悉尼	64	2012	澳大利亚电影修复公司/澳大利亚影视协会	由地区数据估算而得
东京	25	2010	工业统计办公室，研究和统计部，经济和产业政策局，经济、贸易和产业部	

城市	数据	日期	来源	备注
该国年影院上映电影数量				
柏林	508	2010	柏林电影统计报告（2011）	
伊斯坦布尔	254	2009	文化与旅游部——伊斯坦布尔电影产业报告	
约翰内斯堡	203	2011	南非国家电影与录像基金会	
伦敦	557	2010	英国电影协会统计年鉴（2011）	
孟买	3781	2010	中央电影认证委员会，孟买，年度报告2010	
纽约	610	2011	美国电影协会	
巴黎	575	2010	法国国家电影局	
圣保罗	303	2010	圣保罗电影局	
上海	252	2011	上海戏剧学院	
新加坡	352	2009	影视产业目录	
悉尼	342	2011	澳大利亚电影协会	
东京	799	2011	日本电影制片人协会	
该国年影院上映外语片数量				
柏林	315	2010	柏林电影统计报告（2011）	
伊斯坦布尔	184	2009	文化与旅游部——伊斯坦布尔电影产业报告	
约翰内斯堡	21	2011	南非国家电影与录像基金会	
伦敦	438	2010	英国电影协会统计年鉴（2011）	
孟买	298	2010	中央电影认证委员会，孟买，年度报告2010	
巴黎	305	2010	法国国家电影局	
圣保罗	228	2010	圣保罗电影局	
上海	60	2011	中国联合院线网	
悉尼	306	2011	澳大利亚电影协会	
东京	358	2011	日本电影制片人协会	

城市	数据	日期	来源	备注
电影节				
柏林	33	2012	柏林官网	
伊斯坦布尔	35	2010	文化和旅游部——伊斯坦布尔音乐产业报告	
约翰内斯堡	16	2012	南非国家电影与录像基金会/南非视觉艺术网	
伦敦	61	2011	英国文化协会	
孟买	6	2011	塔塔社会科学院	
纽约	57	2012	纽约市政府官方网站	
巴黎	190	2010	法国巴黎大区文化事务部	
圣保罗	29	2011	圣保罗电影局	
上海	2	2010	上海年鉴2011	
悉尼	36	2012	悉尼周末指南网	
东京	35	2012	山形国际纪录片电影节	
书店				
柏林	245	2012	黄页	
伊斯坦布尔	463	2012	黄页	
约翰内斯堡	1020	2012	南非视觉艺术网/南非书商协会	
伦敦	802	2011	书商协会	
孟买	525	2012	塔塔社会科学院	
纽约	777	2012	城市搜索	
巴黎	1025	2011	le Motif 机构	
圣保罗	869	2011	国际书店协会	
上海	1322	2010	上海文化年鉴2011	
新加坡	164	2012	新加坡商务指南电子导览	
悉尼	439	2012	黄页	
东京	1675	2009	日本 Shuppan Hanbai 公司	

城市	数据	日期	来源	备注
每十万人书店数量				
柏林	7	2012	黄页	
伊斯坦布尔	3	2012	黄页	
约翰内斯堡	9	2012	南非视觉艺术网 / 南非书商协会	
伦敦	10	2011	书商协会	
孟买	4	2012	塔塔社会科学院	
纽约	9	2012	城市搜索	
巴黎	9	2011	le Motif 机构	
圣保罗	8	2011	国际书店协会	
上海	15	2010	上海文化年鉴 2011	
新加坡	3	2012	新加坡商务指南电子导览	
悉尼	10	2012	黄页	
东京	13	2009	日本 Shuppan Hanbai 公司	
珍本与二手书店				
柏林	4	2012	黄页	
约翰内斯堡	943	2012	南非视觉艺术网 / 南非书商协会数据库	
伦敦	68	2011	益百利（全球信息服务供应商）	
孟买	6	2012	塔塔社会科学院	
纽约	99	2012	城市搜索	
巴黎	282	2012	黄页	
圣保罗	90	2011	圣保罗娱乐休闲指南	
上海	343	2012	孔夫子旧书网	
新加坡	12	2012	新加坡商务指南电子导览	
悉尼	93	2012	黄页	
东京	681	2012	日本旧书商协会 / 日生基础研究所	

城市	数据	日期	来源	备注
该国年出版图书数目				
柏林	93124	2010	德国书商与出版商协会	
伊斯坦布尔	34863	2010	文化和旅游部	
约翰内斯堡	3653	2010	南非出版商协会	
伦敦	151969	2010	书商协会/尼尔森图书数据供应商	
孟买	82537	2008	印度出版商联合会	
纽约	302410	2009	Bowker图书信息数据库	
巴黎	74788	2009	营养教育学会？CBL	
圣保罗	57600	2009	巴西图书商会	
上海	328387	2010	中华人民共和国新闻出版总署	
悉尼	8602	2005	澳大利亚国家统计局	仅含署名为澳大利亚的数据
东京	78501	2009	日本统计研究和培训机构，内部事务和通讯部	
夜总会，迪斯科舞厅和歌舞厅数量				
柏林	152	2012	柏林俱乐部指南	
伦敦	337	2011	黄页	
孟买	29	2012	塔塔社会科学院	
纽约	584	2012	城市搜索	
巴黎	190	2012	Time Out 巴黎	
圣保罗	2000	2011	Isto 经济日报	估计值
上海	1865	2011	上海戏剧学院	
新加坡	56	2012	新加坡商务指南电子导览	
悉尼	75	2012	黄页	
东京	73	2012	Time Out 东京	

城市	数据	日期	来源	备注
酒吧数量				
柏林	1247	2008	柏林——勃兰登堡统计局	
伊斯坦布尔	657	2012	黄页	
伦敦	2143	2011	黄页	
孟买	543	2012	黄页	
纽约	7224	2012	纽约州酒类管理局	
巴黎	3350	2009	法国餐饮旅馆业工会	
上海	1320	2012	百度身边	
新加坡	576	2012	酒吧和小酒馆（新加坡商务指南电子导览）	
悉尼	661	2011	新南威尔士州政府许可证服务	
东京	14184	2012	Kakaku.com.cn 商务比价网	
每十万人酒吧数量				
柏林	36	2008	柏林——勃兰登堡统计局	
伊斯坦布尔	5	2012	黄页	
伦敦	27	2011	黄页	
孟买	4	2012	塔塔社会科学院	
纽约	88	2012	纽约州酒类管理局	
巴黎	30	2009	法国餐饮旅馆业工会 / 法国国家统计和经济研究局	
上海	6	2012	上海戏剧学院	
新加坡	11	2012	酒吧和小酒馆（新加坡商务指南电子导览）	
悉尼	14	2011	新南威尔士州政府许可证服务	
东京	108	2012	Kakaku.com.cn 电子比价网	

城市	数据	日期	来源	备注
餐馆数量				
柏林	4885	2008	柏林——勃兰登堡统计局	
伊斯坦布尔	1508	2012	黄页	
约翰内斯堡	15000	2012	南非接待同盟协会/南非视觉艺术网	估计值
伦敦	37450	2011	英国食品标准局	
孟买	13205	2012	大孟买市行政区志	
纽约	24149	2012	纽约市卫生局餐厅检查信息	
巴黎	22327	2010	法国就业指导网	
圣保罗	12500	2011	圣保罗旅游局	
上海	55614	2012	大众点评网	
新加坡	2637	2010	新加坡统计资料	
悉尼	4554	2011	新南威尔士州政府许可证服务	
东京	150510	2009	东京都政府 社会福利与公共卫生局	
每十万人餐馆数量				
柏林	141	2008	柏林——勃兰登堡统计局	
伊斯坦布尔	11	2012	黄页	
约翰内斯堡	133	2012	南非接待同盟协会/南非视觉艺术网	估计值
伦敦	478	2011	英国食品标准局	
孟买	11	2012	大孟买市行政区志	
纽约	295	2012	纽约市卫生局餐厅检查信息	
巴黎	189	2010	法国就业指导网	
圣保罗	111	2011	圣保罗旅游局	
上海	237	2012	大众点评网	
新加坡	51	2010	新加坡统计资料	
悉尼	99	2012	新南威尔士州政府许可证服务	
东京	1144	2009	东京都政府 社会福利与公共卫生局	

城市	数据	日期	来源	备注
米其林星级餐厅数				
柏林	14	2012	米其林指南官网	
伦敦	64	2012	米其林官网	
纽约	62	2012	米其林旅行指南	
巴黎	97	2012	米其林指南	
东京	247	2012	日本米其林/日生基础研究所	
市场数				
约翰内斯堡	37	2012	南非视觉艺术网	
伦敦	113	2008	伦敦市场指南	
纽约	100	2011	纽约市活动协调管理办公室	
巴黎	2124	2010	法国就业指导网	
圣保罗	43	2011	圣保罗图书馆虚拟数据办公室	
上海	262	2011	上海戏剧学院	
悉尼	30	2012	澳大利亚本地市场指南	
艺术节和庆典活动				
柏林	63	2012	Time Out 柏林	
伊斯坦布尔	136	2010	文化和旅游部 – 伊斯坦布尔音乐产业报告	
约翰内斯堡	82	2012	南非视觉艺术网	
伦敦	254	2011	伦敦旅游局	
孟买	34	2012	塔塔社会科学院	
纽约	309	2011	纽约市活动协调管理办公室	
巴黎	360	2011	巴黎大区文化事务部	
上海	33	2010	上海文化统计概览 2011	
悉尼	312	2012	悉尼周末指南网	
东京	485	2011	东京地铁有限公司和 Gurunavi 公司	

城市	数据	日期	来源	注解
该城市国际留学生数量				
柏林	21,805	2010	柏林——勃兰登堡统计局	
伊斯坦布尔	6,643	2011	伊斯坦布尔学生挑选和安置中心	
约翰内斯堡	37,067	2010	高等教育和培训部	
伦敦	99,360	2010	英国国际学生事务委员会	
孟买	1,500	2011	塔塔社会科学院	
纽约	60,791	2010	国际教育协会	
巴黎	96,782	2007	国家教育部	
圣保罗	15,432	2012	圣保罗市政府	
上海	43,016	2010	2011上海年鉴	
新加坡	91,500	2010	新加坡移民与关卡局	
悉尼	无	2008	悉尼市"国际学生在悉尼的需求评估报告"	得不到悉尼留学生的人数；新南威尔士约有180,000留学生，其中绝大部分在悉尼学习。
东京	43,188	2011	日本学生服务组织	
电子游戏厅数量				
伊斯坦布尔	18	2010	黄页	
约翰内斯堡	11	2012	南非视觉艺术网	
伦敦	44	2012	黄页	
孟买	278	2012	塔塔社会科学院	
纽约	17	2012	城市搜索	
巴黎	14	2012	法国城市规划研究所（估计值）	
上海	587	2010	上海文化统计概览2011	
悉尼	10	2012	黄页	
东京	997	2010	国家警察局	

世界城市文化消费和参与

城市	数据	日期	来源	注解
博物馆/画廊参观率 –（%）劳动年龄人口每年参观的百分比				
约翰内斯堡	8%	2011	南非视觉艺术网	
伦敦	54%	2010	英国文化、传媒和体育部对文化参与率的调查（2011）	
巴黎	43%	2008	法国文化传媒部	
上海	47%	2010	上海统计年鉴	数据包括成人与儿童在内
新加坡	40%	2009	艺术人口调查	数据与"新加坡人去年至少参加一次艺术活动的百分比"相符
悉尼	26%	2008	澳大利亚国家统计局	
东京	33%	2006	日本统计局 内部事务和通讯部／日生基础研究所	
前五家参观人数最多的博物馆和美术馆参观人次				
柏林	4,718,729	2010	柏林官网	
伊斯坦布尔	7,131,480	2011	伊斯坦布尔省文化与旅游理事会	
约翰内斯堡	676,208	2011	南非视觉艺术网	
伦敦	25,327,221	2011	英国文化、传媒和体育部	
孟买	1,800,895	2011	塔塔社会科学院	
纽约	15,417,115	2011	纽约文化事务局／艺术导报	
巴黎	23,416,427	2010	巴黎大区旅游局	
圣保罗	2,175,305	2012	圣保罗市政府	
上海	6,633,392	2011	上海戏剧学院	
新加坡	2,734,900	2011	新加坡统计局每月文摘	
悉尼	2,844,063	2011	艺术导报"展览与博物馆参观数据（2011）"／BOP文化创意产业咨询公司	
东京	9,732,107	2009	东京都政府 一般事务局 统计处 管理和协调科／日生基础研究所	

城市	数据	日期	来源	注解
前五家参观人数最多的博物馆和美术馆人均访问人次				
柏林	1.36	2010	柏林官网	
伊斯坦布尔	0.52	2011	伊斯坦布尔省文化与旅游理事会	
约翰内斯堡	0.05	2011	博物馆与画廊咨询中心	
伦敦	3.2	2011	英国文化、传媒和体育部	
孟买	0.14	2011	塔塔社会科学院	
纽约	1.89	2011	纽约文化事务局 / 艺术导报	
巴黎	2	2009	巴黎大区旅游局 / 法国国家统计和经济研究局	
圣保罗	0.19	2012	圣保罗市政府	
上海	0.28	2011	上海戏剧学院	
新加坡	0.5	2011	新加坡统计局每月文摘	
悉尼	0.62	2011	艺术导报，展览与博物馆参观数据（2011）/BOP 文化创意产业咨询公司	
东京	0.75	2009	东京都政府 一般事务局 统计处 管理和协调科 / 日生基础研究所	
前五家参观人数最多艺术展每日参观人次				
柏林	1,653	2011	艺术导报，展览与博物馆参观数据（2011）	
伊斯坦布尔	2,179	2011	艺术导报，展览与博物馆参观数据（2011）	
伦敦	4,011	2011	艺术导报，展览与博物馆参观数据（2011）	
纽约	5,783	2011	艺术导报，展览与博物馆参观数据（2011）	
巴黎	8,130	2010	巴黎大区旅游局 / 法国城市规划研究所	
圣保罗	3,182	2011	艺术导报，展览与博物馆参观数据（2011）	
上海	10,342	2010	上海戏剧学院	
悉尼	2,104	2011	艺术导报，展览与博物馆参观数据（2011）	
东京	6,258	2010	Seikatsu no Tomo 公司 / 日生基础研究所	

城市	数据	日期	来源	注解
各大剧院年入场人次				
柏林	2,378,818	2010	柏林文化资产年鉴（2011）	
伊斯坦布尔	2,358,146	2010	土耳其统计局——文化统计资料	
约翰内斯堡	1,700,000	2011	南非视觉艺术网	
伦敦	14,152,230	2010	伦敦剧院协会	数据仅涉及伦敦剧院协会会员
孟买	2,673,563	2012	孟买剧院指南	
纽约	28,187,344	2011	纽约文化事务局/纽约旅游推广局	
巴黎	5,700,000	2008	私立剧院促进协会/法国城市规划研究所	数据仅涉及私立剧院
上海	630,200	2010	上海文化统计概览2011	
新加坡	615,200	2010	国家艺术理事会——2011新加坡文化统计资料	
悉尼	700,700	2008	澳大利亚国家统计局	
东京	12,011,000	2008	Pia研究所2009	
每年剧院人均入场次数				
柏林	0.69	2010	柏林文化资产年鉴（2011）	
伊斯坦布尔	0.18	2010	土耳其统计局——文化统计资料	
约翰内斯堡	0.15	2011	南非视觉艺术网	
伦敦	1.8	2010	伦敦剧院协会	数据仅涉及伦敦剧院协会会员
孟买	0.21	2012	孟买剧院指南	
纽约	3.45	2011	纽约文化事务局/纽约旅游推广局	
巴黎	0.5	2008	私立剧院促进协会/作家、戏剧家、作曲家学会/法国文化传媒部/法国国家统计和经济研究局	数据仅涉及私立剧院
上海	0.27	2010	上海文化统计概览2011/上海戏剧学院	
新加坡	0.12	2010	国家艺术理事会——2011新加坡文化统计资料	
悉尼	0.15	2008	澳大利亚国家统计局	
东京	0.93	2008	Pia研究所2009	

城市	数据	日期	来源	注解
所有剧院年度总票房收入 – 美元 m（购买力平价）				
柏林	$47,683,000	2009	德国戏剧协会——戏剧和交响乐	
约翰内斯堡	$13,772,800	2011	南非视觉艺术网	估计值
伦敦	$765,817,351	2010	伦敦剧院协会	数据仅涉及伦敦剧院协会成员
孟买	$41,214,166	2011	塔塔社会科学院	根据平均票价估计
纽约	$1,080,894,119	2011	美国剧院和制片人联盟	数据仅涉及百老汇的制作
巴黎	$111,855,104	2009	私立剧院促进协会 / 作家、剧作家、作曲家学会 / 法国文化传媒部	数据仅涉及私立剧院
上海	$32,000,000	2010	上海文化统计概览 2011/ 上海戏剧学院	
新加坡	$242,624	2009	新加坡文化统计资料（2011）——艺术与文化部门的经济贡献	
悉尼	$22,050,197	2008	澳大利亚国家统计局以及澳大利亚现场演出	根据平均票价估计
东京	$777,637,195	2008	Pia 研究所 2009/ 日生基础研究所	
所有剧院年度人均票房收入 – 美元 m（购买力平价）				
柏林	$13.78	2009	德国戏剧协会——戏剧和交响乐	
约翰内斯堡	$1.21	2011	南非视觉艺术网	预估
伦敦	$98	2010	伦敦剧院协会	数据仅涉及伦敦剧院协会成员
孟买	$3.31	2011	塔塔社会科学院	根据平均票价估计
纽约	$132	2011	美国剧院和制片人联盟	数据仅涉及百老汇的制作
巴黎	$34.58	2009	私立剧院促进协会 / 作家、剧作家、作曲家学会 / 法国文化传媒部	数据仅涉及私立剧院
上海	$1.36	2010	上海文化统计概览 2011/ 上海戏剧学院	
新加坡	$0.05	2009	新加坡文化统计资料（2011）——艺术与文化部门的经济贡献	
悉尼	$4.82	2008	澳大利亚国家统计局以及澳大利亚现场演出	根据平均票价估计
东京	$60.30	2008	Pia 研究所 2009/ 日生基础研究所	

城市	数据	日期	来源	注解
影院年度入场人次				
柏林	9,126,793	2011	德国电影基金会	
伊斯坦布尔	10,272,528	2009	文化和旅游部，伊斯坦布尔电影产业报告	
约翰内斯堡	13,079,824	2007	南非国家电影与录像基金会	
伦敦	41,571,000	2011	英国电影协会统计年鉴（2011）	
孟买	10,974,667	2011	塔塔社会科学院	
巴黎	58,246,000	2010	法国国家电影局	
圣保罗	50,000,000	2011	圣保罗电影基金会	
上海	22,878,000	2010	上海文化年鉴2011	
新加坡	22,117,400	2011	新加坡统计局每月文摘	
悉尼	22,044,910	2010	澳大利亚电影协会/BOP文化创意产业咨询公司	根据悉尼影院上座率与悉尼影院上座频率得出的估计值
东京	29,255,665	2010	工业统计办公室，研究和统计司，经济和产业政策局，经济、贸易和产业部	
影院年度人均入场人次				
柏林	2.6	2011	德国电影基金会	
伊斯坦布尔	0.8	2009	文化与旅游部——伊斯坦布尔电影产业报告	
约翰内斯堡	1.3	2007	南非国家电影与录像基金会	
伦敦	5.3	2011	英国电影协会统计年鉴（2011）	
孟买	0.9	2011	塔塔社会科学院	
巴黎	4.9	2010	法国国家电影局	
圣保罗	4.4	2011	圣保罗电影基金会	
上海	1	2010	上海文化年鉴2011	
新加坡	4.4	2011	新加坡统计局每月文摘	
悉尼	4.8	2010	澳大利亚电影协会/BOP文化创意产业咨询公司	根据悉尼影院上座率与悉尼影院上座频率得出的估计值
东京	2.2	2010	工业统计办公室，研究和统计司，经济和产业政策局，经济、贸易和产业部	

城市	数据	日期	来源	注解
主要电影节入场人次				
柏林	484,860	2011	柏林电影节官网	柏林电影节
伊斯坦布尔	150,000	2010	伊斯坦布尔文化经济纲要（2010）	伊斯坦布尔电影节
约翰内斯堡	7,500	2011	南非视觉艺术网	三大洲（Tricontinental）电影节
伦敦	132,000	2010	英国电影协会	英国电影协会伦敦电影节
孟买	100,000	2011	塔塔社会科学院	孟买电影节
纽约	410,000	2010	翠贝卡电影节情况简报（2011）	翠贝卡电影节
巴黎	151,800	2011	法国巴黎大区	拉维列特公园免费露天电影节
圣保罗	250,000	2011	圣保罗电影节	圣保罗国际电影节
上海	260,000	2010	上海年鉴2011	上海国际电影节
悉尼	110,000	2011	电影专业评论	悉尼电影节
东京	121,010	2010	东京国际电影节市场报告（2010）	东京国际电影节
影院年度票房总收入 – 美元（购买力平价）				
柏林	$80,784,465	2011	德国电影基金会	
伊斯坦布尔	$75,685,429	2009	文化与旅游部——伊斯坦布尔电影产业报告	
约翰内斯堡	$102,724,956	2011	普华永道	根据国家数据估计
伦敦	$363,300,448	2010	英国电影协会统计年鉴（2011）	
孟买	$81,200,553	2011	塔塔社会科学院	
巴黎	$416,083,793	2010	法国国家电影局	
圣保罗	$281,214,848	2011	圣保罗电影基金会	
上海	$238,196,000	2010	上海年鉴2011	
新加坡	$156,094,945	2010	新加坡电影委员会	
悉尼	$156,918,900	2011	澳大利亚影像局和澳大利亚国家统计局	根据地区数据估计
东京	$351,024,091	2010	工业统计办公室，研究和统计司，经济和产业政策局，经济、贸易和产业部/日生基础研究所	

城市	数据	日期	来源	注解
影院年度人均票房收入 – 美元（购买力平价）				
柏林	$23	2011	德国电影基金会	
伊斯坦布尔	$6	2009	文化与旅游部 – 伊斯坦布尔电影产业报告	
约翰内斯堡	$9	2011	普华永道	根据国家数据估计
伦敦	$46	2010	英国电影协会统计年鉴（2011）	
孟买	$3.46	2011	塔塔社会科学院	
巴黎	$6	2010	法国国家电影局	
圣保罗	$25	2011	圣保罗电影基金会	
上海	$10	2010	上海年鉴	
新加坡	$31	2010	新加坡电影委员会	
悉尼	$34	2011	澳大利亚影像局和澳大利亚国家统计局	根据地区数据估计
东京	$27	2010	工业统计办公室，研究和统计司，经济和产业政策局，经济、贸易和产业部／日生基础研究所	
主要狂欢节／节庆活动估计到场人次				
柏林	1,360,000	2011	文化狂欢节官方网站	文化狂欢节官方网站
约翰内斯堡	67,829	2011	约翰内斯堡报告：2011年11月	艺术现在时
伦敦	1,500,000	2011	大都市警察局	诺丁山狂欢节
孟买	2,000,000	2011	塔塔社会科学院	象头神节
纽约	2,500,000	2010	梅西百货	梅西百货感恩节游行
巴黎	1,500,000	2010	巴黎大区旅游局	白色夜晚（不眠之夜）
圣保罗	4,000,000	2012	圣保罗旅游局	狂欢节
上海	3,060,000	2010	上海文化年鉴2011	上海国际艺术节
悉尼	653,000	2011	悉尼节日年度回顾2011	悉尼艺术节
东京	1,270,000	2010	浅草城	三社祭

城市	数据	日期	来源	注解
估计参加主要狂欢节/节庆活动人数占城市人口百分比				
柏林	39.6%	2011	文化狂欢节官方网站	文化狂欢节
约翰内斯堡	0.6%	2011	约翰内斯堡报告：2011年11月	艺术现在时
伦敦	19%	2011	大都市警察局	诺丁山狂欢节
孟买	16.09%	2011	塔塔社会科学院	象头神节
纽约	30%	2010	梅西百货	梅西百货感恩节游行
巴黎	13%	2010	巴黎大区旅游局	白色夜晚（不眠之夜）
圣保罗	36%	2012	圣保罗旅游局	狂欢节
上海	13%	2010	上海文化年鉴2011	上海国际艺术节
悉尼	14.27%	2011	悉尼节日年度回顾2011	悉尼艺术节
东京	9.65%	2010	浅草城	三社祭
年度国际游客人数				
柏林	2,871,000	2010	柏林——勃兰登堡统计局	
伊斯坦布尔	8,057,879	2011	伊斯坦布尔省文化与旅游理事会	
约翰内斯堡	3,988,335	2010	高腾地区旅游局	
伦敦	15,216,000	2011	国家统计办公室	
孟买	2,195,000	2010	欧睿国际信息咨询公司顶级城市目的地排名（2012）	
纽约	8,380,000	2011	纽约市旅游会展局	
巴黎	13,300,000	2010	巴黎大区旅游局	
圣保罗	1,600,000	2011	圣保罗旅游局	
上海	8,511,200	2010	上海文化年鉴2011	
新加坡	11,641,700	2010	新加坡统计部	
悉尼	2,610,000	2010	新南威尔士旅游局	
东京	5,940,000	2010	东京都政府，工业和劳动事务局	

城市	数据	日期	来源	注解
年度国际游客人数占城市人口百分比				
柏林	82.99%	2010	柏林——勃兰登堡统计局	
伊斯坦布尔	59.1%	2011	伊斯坦布尔省文化与旅游理事会	
约翰内斯堡	35.2%	2010	高腾地区旅游局	
伦敦	194.45%	2011	国家统计办公室	
孟买	17.65%	2010	欧睿国际信息咨询公司顶级城市目的地排名（2012）	
纽约	102.51%	2011	纽约市旅游会展局	
巴黎	112.74%	2010	巴黎大区旅游局	
圣保罗	14%	2011	圣保罗旅游局	
上海	36.26%	2010	上海文化年鉴 2011	
新加坡	224.58%	2010	新加坡统计部	
悉尼	57.04%	2010	新南威尔士旅游局	
东京	45.1%	2010	东京都政府，工业和劳动事务局	

世界城市基础数据

城市	数据	日期	来源	注解
地理面积，平方公里				
柏林	892	2010	德国联邦统计局	
德国	357,124	2010	德国联邦统计局	
伊斯坦布尔	5,313	2010	土耳其统计年鉴 2010	
土耳其	785,347	2010	土耳其统计年鉴 2010	
约翰内斯堡	18,178	2012	南非视觉艺术网	
南非	1,221,037	2012	南非视觉艺术网	
伦敦	1,572	2011	国家统计办公室	
英国	242,560	2011	国家统计办公室	
孟买	437.1	2012	大孟买市行政区志（2012）	
印度	3,287,263	2011	印度政府	
纽约	1,214.40	2010	美国人口普查局	
美国	3,531,905.43	2010	美国人口普查局	
巴黎	12,012	2012	巴黎大区旅游局	
法国	543,965	2012	巴黎大区旅游局	
圣保罗	1,500	2011	人口普查	
巴西	8,514,877	2012	人口普查	
上海	6340.5	2010	上海年鉴 2011	
中国	9,600,000	2010	中国国家统计局	
新加坡	710	2012	新加坡统计部	
悉尼	12,144.50	2006	澳大利亚国家统计局	
澳大利亚	7,617,930	2006	澳大利亚国家统计局	
东京	2,130	2012	日本统计年鉴（2012）	
日本	377,950	2012	日本统计研究和培训机构，内部事务和通讯部	

城市	数据	日期	来源	注解
人口总量				
柏林	3,460,725	2010	柏林——勃兰登堡统计局	
德国	81,752,000	2010	德国联邦统计局	
伊斯坦布尔	13,624,240	2011	土耳其统计局	
土耳其	74,724,269	2011	土耳其统计局	
约翰内斯堡	11,328,203	2011	南非统计局年中人口预估（2011）	
南非	50,586,757	2011	南非统计局年中人口预估（2011）	
伦敦	7,825,200	2010	国家统计办公室	
英国	62,262,000	2010	国家统计办公室	
孟买	12,432,830	2011	大孟买市行政区志（2012）	
印度	1,210,193,422	2011	人口普查（2011）	
纽约	8,175,133	2010	美国人口普查局	
美国	308,745,538	2010	美国人口普查局	
巴黎	11,797,021	2010	法国国家统计和经济研究局	
法国	62,791,013	2010	法国国家统计和经济研究局	
圣保罗	11,253,503	2011	人口普查	
巴西	198,000,000	2012	人口普查	
上海	23,474,600	2011	上海市统计局	
中国	1,339,724,852	2010	中国国家统计局	
新加坡	5,183,700	2011	新加坡统计部	
悉尼	4,575,532	2010	澳大利亚国家统计局	
澳大利亚	22,342,000	2010	澳大利亚国家统计局	
东京	13,159,388	2010	日本统计年鉴（2012）	
日本	128,057,352	2010	日本统计研究和培训机构，内部事务和通讯部	

城市	数据	日期	来源	注解
城市居住人口占全国人口百分比				
柏林	4.23%	2010	柏林——勃兰登堡统计局	
伊斯坦布尔	18.23%	2011	土耳其统计局	
约翰内斯堡	22.4%	2011	南非统计局年中人口预估（2011）	
伦敦	12.65%	2010	国家统计办公室	
孟买	1.03%	2011	基于印度人口普查数据（2011）	
纽约	2.65%	2010	美国人口普查局	
巴黎	18.8%	2010	法国国家统计和经济研究局人口估计值	
圣保罗	5.68%	2011	人口普查	
上海	1.75%	2010	中国国家统计局	
新加坡	100%	2011	新加坡统计部	
悉尼	20.48%	2010	澳大利亚国家统计局	
东京	10.28%	2010	日本统计年鉴（2012）	

城市	数据	日期	来源	注解
劳动年龄人口				
柏林	2,297,921	2010	柏林——勃兰登堡统计局	
德国	51,418,800	2010	德国联邦统计局	
伊斯坦布尔	10,420,392	2011	土耳其统计局	
土耳其	55,837,694	2011	土耳其统计局	
约翰内斯堡	6,833,217	2011	南非统计局年中人口预估（2011）	
南非	27,060,086	2011	南非统计局年中人口预估（2011）	
伦敦	3,851,000	2010	国家统计办公室	
英国	29,279,000	2011	国家统计办公室	
孟买	8,643,303	2001	印度人口普查	
印度	721,396,299	2001	印度人口普查	
纽约	5,420,114	2010	美国人口普查局	
美国	194,509,689	2010	美国人口普查局	
巴黎	7,250,499	2010	法国国家统计和经济研究局	
法国	36,861,457	2010	法国国家统计和经济研究局	
圣保罗	6,720,000	2011	人口普查	
巴西	113,256,000	2012	人口普查	
上海	17,563,800	2010	上海市统计局	
中国	939,683,011	2010	中国国家统计局	
新加坡	2,297,921	2010	柏林——勃兰登堡统计局	
悉尼	3,157,117	2010	澳大利亚国家统计局	
澳大利亚	15,080,850	2010	澳大利亚国家统计局	
东京	8,739,000	2010	日本统计年鉴（2012）	
日本	80,731,000	2010	日本统计研究和培训机构，内部事务和通讯部	

城市	数据	日期	来源	注解
住户数量				
柏林	1,988,500	2010	柏林——勃兰登堡统计局	
德国	40,301,000	2010	德国联邦统计局	
伊斯坦布尔	2,550,607	2000	土耳其统计年鉴 2010	
土耳其	15,070,093	2000	土耳其统计年鉴 2010	
约翰内斯堡	3,175,579	2007	南非统计局：社区调查（2007）	
南非	12,500,609	2007	南非统计局：社区调查（2007）	
伦敦	3,109,657	2001	人口普查（2001），国家统计办公室	
英国	26,258,000	2011	国家统计办公室	
孟买	2,515,589	2011	印度人口普查	
印度	192,671,808	2001	印度人口普查	
纽约	3,047,249	2010	美国人口普查局	
美国	114,235,996	2010	美国人口普查局	
巴黎	4,897,435	2008	法国国家统计和经济研究局人口普查（2008）	
法国	26,614,970	2008	法国国家统计和经济研究局人口普查（2008）	
圣保罗	3,928,331	2011	人口普查	
巴西	59,500,000	2011	人口普查	
上海	8,251,200	2010	上海市统计局	
中国	401,520,000	2010	中国国家统计局	
新加坡	1,146,200	2011	新加坡统计部	
悉尼	1,423,521	2006	澳大利亚国家统计局	
澳大利亚	7,144,096	2006	澳大利亚国家统计局	
东京	6,327,000	2010	日本统计年鉴（2012）	
日本	50,928,100	2010	日本统计研究和培训机构，内部事务和通讯部	

城市	数据	日期	来源	注解
外国出生人口 %				
柏林	13.23%	2010	柏林——勃兰登堡统计局	
德国	8.26%	2010	德国联邦统计局	
土耳其	1.9%	2010	联合国	
约翰内斯堡	5.7%	2007	南非统计局：社区调查（2007）	
南非	2.7%	2007	南非统计局：社区调查（2007）	
伦敦	30.8%	2010	移民瞭望	
英国	12%	2010	移民瞭望	
孟买	1.4%	2001	塔塔社会科学院	
印度	0.52%	2005	联合国亚太经济和社会委员会亚洲太平洋统计年鉴2009	
纽约	36.8%	2010	美国人口普查局	
美国	12.7%	2010	美国人口普查局	
巴黎	12.4%	2008	法国国家统计和经济研究局	
法国	5.8%	2008	法国国家统计和经济研究局	
上海	0.89%	2010	中国国家统计局／上海戏剧学院	
中国	0.08%	2010	中国国家统计局／上海戏剧学院	
新加坡	26.9%	2011	新加坡统计部	
悉尼	34.4%	2006	澳大利亚国家统计局	
澳大利亚	23.8%	2006	澳大利亚国家统计局	
东京	2.42%	2010	日本人口普查2010	
日本	1.29%	2010	日本统计研究和培训机构，内部事务和通讯部／日生基础研究所	

城市	数据	日期	来源	注解
教育水平 ——有学位及更高水平的人口百分比				
柏林	39%	2010	柏林和勃兰登堡教育年鉴（2010）	
德国	28.4%	2010	柏林和勃兰登堡教育年鉴（2010）	
伊斯坦布尔	9.23%	2010	土耳其统计局	
土耳其	11.8%	2010	土耳其统计局	
约翰内斯堡	32%	2010	城市状况报告（2011）	
南非	24%	2010	城市状况报告（2011）	
伦敦	41.9%	2010	国家统计办公室	
英国	31.2%	2010	国家统计办公室	
孟买	无	2010		
印度	3.7%	2001	印度人口普查	
纽约	33.3%	2010	美国人口普查局	
美国	27.9%	2010	美国人口普查局	
巴黎	35.84%	2008	法国国家统计和经济研究局	
法国	28.57%	2008	法国国家统计和经济研究局	
圣保罗	19%	2011	人口普查	
巴西	12%	2009	经济合作与发展组织	
上海	42.92%	2010	上海市统计局	
中国	14.03%	2010	中国国家统计局	
新加坡	22.8%	2010	新加坡统计部	
悉尼	34.96%	2006	澳大利亚国家统计局	
澳大利亚	33.7%	2006	澳大利亚国家统计局	
东京	25.5%	2010	日本人口普查	
日本	17.64%	2010	日本统计研究和培训机构，内部事务和通讯部 / 日生基础研究所	

城市	数据	日期	来源	注解
年度平均人均收入（购买力平价）				
柏林	$14,544	2009	柏林——勃兰登堡统计局	
德国	$18,681	2009	柏林——勃兰登堡统计局	
伊斯坦布尔	$10,576	2007	土耳其统计年鉴 2010	
土耳其	$7,433	2007	土耳其统计年鉴 2010	
约翰内斯堡	$11,591	2009	城市状况报告（2011）	
南非	$7,165	2009	城市状况报告（2011）	
伦敦	$45,094	2010	大伦敦政府国内收入与支出报告	
英国	$38,715	2010	国家统计办公室	
孟买	$6,839	2010	马哈拉施特拉邦经济调查（2010/2011）	
印度	$2,416	2010	统计与计划执行部	
纽约	$30,498	2010	美国人口普查局	
美国	$27,334	2010	美国人口普查局	
巴黎	$26,497	2008	法国国家统计和经济研究局	
法国	$22,154	2008	法国国家统计和经济研究局	
圣保罗	$14,160	2011	人口普查	
巴西	$11,600	2011	人口普查	
上海	$5,472	2011	新华网	
中国	$3,294	2011	中国产业经济信息网	
新加坡	$47,180	2010	新加坡统计年鉴（2011）	
悉尼	$33,285	2009	澳大利亚国家统计局	
澳大利亚	$29,643	2009	澳大利亚国家统计局	
东京	$55,766	2011	薪金结构基本调查 2011	
日本	$44,085	2011	日本卫生、劳动和福利部，薪酬及劳动福利统计处/日生基础研究所	

城市	数据	日期	来源	注解
每周总收入中位数（购买力平价）				
伊斯坦布尔	$108	2007	土耳其统计年鉴2010	
土耳其	$159	2007	土耳其统计年鉴2010	
约翰内斯堡	$184	2010	南非统计局：南非人每月收入（2010，劳动力调查）	
南非	$140	2010	南非统计局：南非人每月收入（2010，劳动力调查）	
伦敦	$960	2010	工作时间与收入年度调查，国家统计办公室	
英国	$745	2010	工作时间与收入年度调查，国家统计办公室	
纽约	$967	2010	美国人口普查局	
美国	$998	2010	美国人口普查局	
巴黎	$513	2009	法国国家统计和经济研究局	
法国	$446	2009	法国国家统计和经济研究局	
圣保罗	$262	2011	人口普查	
巴西	$214	2011	人口普查	
上海	$105	2011	新华网/上海戏剧学院	
中国	$63	2011	中国产业经济信息网/上海戏剧学院	
新加坡	$696	2012	新加坡综合劳动力调查	
悉尼	$962	2008	澳大利亚国家统计局	
澳大利亚	$657	2011	澳大利亚国家统计局	
东京	$1,070	2011	薪金构造基本统计调查	
日本	$846	2011	日本健康及劳保部薪酬及劳保统计处/日生基础研究所	

城市	数据	日期	来源	注解
国内生产总值（购买力平价）（百万）				
柏林	$80,000	2010	柏林——勃兰登堡统计局	
德国	$3,280,500	2010	世界银行	
伊斯坦布尔	$182,000	2008	普华永道	
土耳其	$678,913	2010	世界银行	
约翰内斯堡	$175,956	2011	南非统计局报告：P0441–国内生产总值（GDP），2011年第三季度	
南非	$521,748	2011	南非统计局报告：P0441–国内生产总值（GDP），2011年第三季度	
伦敦	$565,000	2008	普华永道	
英国	$3,357,399	2010	世界银行	
孟买	$209,000	2008	普华永道	
印度	$3,197,826	2010	世界银行	
纽约	$1,406,000	2008	普华永道	
美国	$14,586,700	2010	世界银行	
巴黎	$605,985	2009	法国国家统计和经济研究局	
法国	$2,054,371	2009	法国国家统计和经济研究局	
圣保罗	$370,000	2011	圣保罗市政府	
巴西	$2,284,000	2011	世界银行	
上海	$289,899	2011	上海市统计局	
中国	$7,128,290	2011	2012年政府工作报告	
新加坡	$311,566	2011	新加坡统计部	
悉尼	$213,000	2008	普华永道	
澳大利亚	$924,843	2010	世界银行	
东京	$743,826	2009	地方政府账户年度报告	
日本	$4,218,873	2009	日本政府内阁官房，经济与社会研究所	

城市	数据	日期	来源	注解
创意产业就业				
柏林	7.5%	2006	德国联邦统计局	
德国	2.3%	2006	德国联邦统计局	
约翰内斯堡	4.5%	2008	高腾地区创意产业规划报告	
南非	无			
伦敦	12%	2007	大伦敦地区伦敦创意部门	
英国	5.1%	2011	英国文化、传媒和体育部	
孟买	16.01%	2005	塔塔社会科学院	
印度	11.44%	2005	塔塔社会科学院	
纽约	8%	2008	美国艺术促进会 – 创意产业 2008	
50 城市报告				
美国	4.5%	2008	美国艺术促进会——创意产业 2008	
巴黎	8.8%	2008	法国城市规划研究所 / 法国国家统计和经济研究局	
法国	3.93%	2008	法国城市规划研究所 / 法国国家统计和经济研究局	
上海	7.38%	2010	上海年鉴 2011——文化艺术部门的经济贡献	
新加坡	0.82%	2009	新加坡文化统计资料（2011）——艺术与文化部门的经济贡献	
悉尼	5.3%	2010	新南威尔士州政府	
澳大利亚	3.8%	2006	澳大利亚国家统计局	
东京	11.2%	2006	M. 吉本 (2009)"创意产业趋势 – 日本"政令指定都市"创意产业概况，日生基础研究所	
日本	4%	2006	日生基础研究所	

附录3：数据表（英文）

World cities cultural infrastructure and output

City	Figure	Date	Source	Notes
National museums				
Berlin	18	2010	Staatliche Museen zu Berlin - Preußischer Kulturbesitz	
Istanbul	7	2010	Ministry of Culture and Tourism	
Johannesburg	9	2012	VANSA	
London	11	2010	DCMS	
Mumbai	4	2012	Tata Institute of Social Sciences	
New York	5	2012	Alliance for the Arts/NYC-ARTS	
Paris	24	2012	RMN (Réunion des musées nationaux)	
São Paulo	1	2012	IBRAM	Museu Lasar Segall
Shanghai	27	2010	Statistical Yearbook of Shanghai Cultural Relics 2010 (SYSCR2010)	
Singapore	5	2010	Singapore Cultural Statistics - Arts and Cultural Scene	
Sydney	1	2010	Museums & Galleries NSW Directory/Online Research	National Maritime Museum
Tokyo	8	2012	Japan Independent Administrative Institution National Museum of Art	
Other museums				
Berlin	140	2010	Staatliche Museen zu Berlin – Preußischer Kulturbesitz	
Istanbul	71	2010	Ministry of Culture and Tourism Istanbul Visual Arts Report	
Johannesburg	51	2012	COJ 2030 Report/VANSA	
London	162	2005	MLA London (2007) Facts and Figures/Association of Independent Museums	
Mumbai	6	2012	Tata Institute of Social Sciences	
New York	126	2012	Alliance for the Arts/NYC-ARTS/ New York State Department of Education	
Paris	113	2009	Ministère de la Culture et de la communication (DEPS)	
São Paulo	110	2012	SPTuris	
Shanghai	87	2010	Shanghai Statistical Yearbook 2011	
Singapore	48	2010	Singapore Cultural Statistics - Arts and Cultural Scene	
Sydney	59	2010	Museums & Galleries NSW Directory/Online Research	
Tokyo	39	2011	Tokyo Metropolitan Government. Bureau of Citizens and Cultural Affairs / NLI Research Institute	

City	Figure	Date	Source	Notes
Public libraries				
Berlin	88	2010	Amt für Statistik Berlin-Brandenburg	
Istanbul	42	2010	Turkish Statistical Institute	
Johannesburg	234	2010	Gauteng Library/Information Services 2010 Annual Report	
London	383	2010	CIPFA Stats Public Library Statistics	
Mumbai	80	2012	Tata Institute of Social Sciences	
New York	220	2009	Institute of Museum and Library Services	
Paris	830	2011	Le Motif	
São Paulo	116	2012	SEMPLA	
Shanghai	477	2012	Shanghai Municipal Culture, Radio Broadcasting, Film and Television Administration (SMCBFTA)	
Singapore	25	2012	Public Libraries Singapore Website	
Sydney	154	2010	State Library New South Wales 'Public Libraries in New South Wales Directory 2010'	
Tokyo	377	2009	Tokyo Metropolitan Government. Bureau of General Affairs. Statistics Division.	
No. of public libraries per 100,000 population				
Berlin	2.5	2010	Amt für Statistik Berlin-Brandenburg	
Istanbul	0.3	2010	Turkish Statistical Institute	
Johannesburg	2	2010	Gauteng Library/Information Services 2010 Annual Report	
London	5	2010	CIPFA Stats Public Library Statistics	
Mumbai	0.006	2012	Tata Institute of Social Sciences	
New York	3	2009	Institute of Museum and Library Services	
Paris	7	2011	Le Motif / Insee	
São Paulo	1	2012	SEMPLA	
Shanghai	2	2012	Shanghai Municipal Culture, Radio Broadcasting, Film and Television Administration (SMCBFTA)	
Singapore	0.5	2012	Public Libraries Singapore Website	
Sydney	3	2010	State Library New South Wales, Public Libraries in New South Wales Directory 2010	
Tokyo	3	2009	Tokyo Metropolitan Government, Bureau of General Affairs, Statistics Division.	

City	Figure	Date	Source	Notes
No. of book loans by public libraries per year (million)				
Berlin	23.58	2010	Amt für Statistik Berlin-Brandenburg	
Istanbul	0.12	2010	Turkish Statistical Institute - Cultural Statistics	
Johannesburg	9.01	2010	Gauteng Library/Information Services 2010 Annual Report	
London	37.2	2010	CIPFA Stats Public Library Statistics	
Mumbai	2.05	2011	Tata Institute of Social Sciences	
New York	68.04	2010	Bibliostat Connect	
Paris	47	2011	Le Motif (observatoire du livre et de l'écrit en Ile-de-France)	
São Paulo	0.84	2012	SEMPLA	
Shanghai	58.69	2010	Shanghai Statistical Yearbook 2011(SSY2011)/STA	
Singapore	33.2	2010	National Library Board - Singapore Cultural Statistics 2011	
Sydney	20.83	2010	National and State Libraries Australasia	
Tokyo	112.24	2009	Tokyo Metropolitan Government, Bureau of General Affairs, Statistics Division, Management and Coordination Section	
No. of book loans by public libraries per capita per year				
Berlin	6.81	2010	Amt für Statistik Berlin-Brandenburg	
Istanbul	0.0085	2010	Turkish Statistical Institute - Cultural Statistics	
Johannesburg	0.8	2010	Gauteng Library and Information Services 2010 Annual Report	
London	4.8	2009	CIPFA Public Library Statistics 2009-10	Figure estimated from national figure
Mumbai	0.16	2011	Tata Institute of Social Sciences	
New York	8.32	2010	Bibliostat Connect	
Paris	3.95	2011	le Motif/Insee	
São Paulo	0.07	2011	SEMPLA	
Shanghai	2.5	2010	SSY2011/STA	
Singapore	6.5	2010	National Library Board - Singapore Cultural Statistics 2011	
Sydney	4.55	2010	National and State Libraries Australasia	
Tokyo	8.64	2009	Tokyo Metropolitan Government, Bureau of General Affairs, Statistics Division, Management and Coordination Section	

City	Figure	Date	Source	Notes
UNESCO World Heritage Sites				
Berlin	3	2012	UNESCO	
Istanbul	1	2012	UNESCO	
Johannesburg	1	2012	UNESCO	
London	4	2012	UNESCO	
Mumbai	2	2012	UNESCO	
New York	1	2012	UNESCO	
Paris	4	2012	UNESCO	
São Paulo	0	2012	UNESCO	
Shanghai	0	2012	UNESCO	
Singapore	0	2012	UNESCO	
Sydney	2	2012	UNESCO	
Tokyo	1	2012	UNESCO	
No. of other heritage/historical sites				
Berlin	8,689	2011	Landesdenkmalamt Denkmalliste Berlin	
Istanbul	30,188	2010	Turkish Statistical Institute - Cultural Statistics	
Johannesburg	281	2011	Provincial Heritage Resources Agency Gauteng	
London	18,901	2011	English Heritage - Heritage Counts 2011 London Report	
Mumbai	42	2012	Tata Institute of Social Sciences	
New York	1,482	2012	The NYC Landmarks Preservation Commission	
Paris	3,792	2009	Ministère de la Culture et de la communication (DEPS)	
São Paulo	12	2012	Secretaria Municipal de Cultura	
Shanghai	2,049	2010	Shanghai Yearbook 2011	
Singapore	63	2010	Preservation of Monuments Board - Singapore Cultural Statistics 2011	
Sydney	783	2012	Australian Heritage Database	
Tokyo	419	2012	Agency for Cultural Affairs / NLI Research Institute	

City	Figure	Date	Source	Notes
% of public green space (parks and gardens)				
Berlin	14.4%	2011	Berlin.de	
Istanbul	1.5%	2009	Urban Age	
Johannesburg	24%	2002	State of the Environment Report, City of Johannesburg 2009	Figure does not refer to the Gauteng region but to the metropolitan area of Johannesburg
London	38.4%	2003	Urban Age	
Mumbai	2.5%	2011	Tata Institute of Social Sciences	
New York	14%	2012	NYC Parks & Recreation	
Paris	9.4%	2009	IAU Ile-de-France	
Shanghai	2.6%	2012	SMCBFTA	
Singapore	47%	2011	National Parks Board	
Sydney	46%	2010	New South Wales Department of Planning	
Tokyo	3.4%	2011	'Survey of Parks', Bureau of Construction, Tokyo Metropolitan Government	
Theatres				
Berlin	56	2010	Deutscher Bühnenverein Theaterstatistik 2009/2010	
Istanbul	184	2010	Ministry of Culture and Tourism Istanbul Performing Arts Report	
Johannesburg	24	2012	COJ 2030 report / VANSA	
London	214	2010	Arts Council England & Visit London	
Mumbai	120	2012	Tata Institute of Social Sciences	
New York	420	2012	Alliance for the Arts/NYC-ARTS	
Paris	353	2011	CNT	
São Paulo	116	2012	SPTuris	
Shanghai	97	2010	SYSCR2010	
Singapore	55	2012	Street Directory Singapore/AlloExpat Singapore	
Sydney	73	2012	Live Performance Australia/Yellow Pages	
Tokyo	230	2012	Directory of Theatre Guide/NLI Research	

City	Figure	Date	Source	Notes
No. of theatrical performances at all theatres per year				
Berlin	6,900	2010	Deutscher Bühnenverein Theaterstatistik 2009/2010	
Istanbul	6,349	2010	Ministry of Culture and Tourism Istanbul Performing Arts Report	
Johannesburg	5,000	2011	VANSA	
London	32,448	2012	Time Out London	Scaled up from weekly figures
Mumbai	8,750	2012	Tata Institute of Social Sciences	
New York	43,004	2012	Time Out New York	Scaled up from weekly figures
Paris	26,676	2011	Officiel des Spectacles	Scaled up from weekly figures
Shanghai	15,618	2010	SYSCR2010/Shanghai Culture Yearbook 2011 (SCY2011)	
Singapore	2,421	2010	National Arts Council - Singapore Cultural Statistics 2011	
Sydney	4,966	2012	Time Out Sydney	Scaled up from weekly figures
Tokyo	24,575	2008	Pia Research Institute/NLI Research Institute	Figure estimated from national figure
No. of live music venues				
Berlin	250	2012	Berlin.de	
Istanbul	91	2010	Ministry of Culture and Tourism, Istanbul Music Industry Report	
Johannesburg	46	2012	South African Music Rights Organisation/VANSA	
London	349	2011	Time Out London/The Unsigned Band Guide 2011/ViewLondon	
Mumbai	98	2012	Tata Institute of Social Sciences	
New York	277	2012	Alliance for the Arts/NYC-ARTS	
Paris	423	2012	Pages Jaunes	
São Paulo	294	2011	SPTuris	
Shanghai	44	2012	STA	
Sydney	69	2012	About.nsw.org, Directory of Live Music Venues NSW / BOP	
Tokyo	385	2012	Let's Enjoy Tokyo Directory	

City	Figure	Date	Source	Notes
Major concert halls				
Berlin	2	2012	Statistisches Bundesamt Deutschland	
Istanbul	6	2010	Ministry of Culture and Tourism Istanbul Music Industry Report	
Johannesburg	4	2012	VANSA	
London	10	2011	Visit London/BOP	
Mumbai	2	2012	Tata Institute of Social Sciences	
New York	15	2012	BOP	
Paris	15	2012	Médiathèque Cité de la musique/IAU Ile-de-France	
São Paulo	7	2012	SPTuris	
Shanghai	4	2012	STA	
Singapore	8	2012	BOP	
Sydney	4	2012	BOP	
Tokyo	15	2011	NLI Research Institute	
No. of music performances per year				
Johannesburg	7,400	2012	VANSA	
London	17,108	2012	Time Out London	Scaled up from weekly figures
Mumbai	593	2012	Tata Institute of Social Sciences	
New York	22,204	2012	Time Out New York	Scaled up from weekly figures
Paris	33,020	2012	Lylo	
Shanghai	3,356	2008	Ministry of Culture	
Singapore	2,418	2010	National Arts Council - Singapore Cultural Statistics 2011	
Sydney	1,014	2012	Time Out Sydney	Scaled up from weekly figures
Tokyo	15,617	2008	2009 Pia Research Institute	

City	Figure	Date	Source	Notes
No. of comedy clubs				
Berlin	15	2012	Qype Germany	
Istanbul	1	2011	Istanbul.net.tr	
Johannesburg	1	2011	VANSA	
London	18	2012	Time Out London	
Mumbai	1	2012	Tata Institute of Social Sciences	
New York	48	2012	BOP	
Paris	45	2012	Officiel des spectacles	
São Paulo	1	2012	Guia da Folha	
Singapore	1	2012	BOP	
Sydney	3	2012	BOP	
No. of comedy shows/performances per year				
Johannesburg	508	2011	VANSA	
London	11,388	2012	Time Out London	Scaled up from weekly figures
Mumbai	217	2012	Tata Institute of Social Sciences	
New York	11,076	2012	Time Out New York	Scaled up from weekly figures
Paris	10,348	2012	Officiel des spectacles	Scaled up from weekly figures
São Paulo	300	2012	Guia da Folha	
Singapore	416	2012	Time Out Singapore	Scaled up from weekly figures
Sydney	432	2012	Time Out Sydney	Scaled up from weekly figures
Tokyo	8,452	2008	2009 Pia Research Institute/NLI Research Institute	Figure estimated from national figure

City	Figure	Date	Source	Notes
No. of dance performances per year				
Berlin	111	2010	Deutscher Bühnenverein Theaterstatistik 2009/2010	
Istanbul	154	2010	Turkish Statistical Institute - Cultural Statistics	
Johannesburg	250	2012	VANSA	Figure reflects contemporary dance performances only
London	2,756	2012	Time Out London	Scaled up from weekly figures
Mumbai	130	2012	Tata Institute of Social Sciences	
New York	6,292	2012	Time Out New York	Scaled up from weekly figures
Paris	3,172	2012	Officiel des spectacles	Scaled up from weekly figures
São Paulo	100	2012	Guia da Folha	
Shanghai	1,686	2008	Ministry of Culture	
Singapore	1,572	2010	National Arts Council - Singapore Cultural Statistics 2011	
Sydney	283	2012	Time Out/Ticketmaster/Sydney Opera House	Estimate/Scaled up from weekly figures
Tokyo	1,598	2008	2009 Pia Research Institute/NLI Research Institute	Figure estimated from national figure
Art galleries				
Berlin	421	2012	Landesverband für Berliner Gallerien	
Istanbul	267	2010	Ministry of Culture and Tourism	
Johannesburg	76	2012	VANSA	
London	857	2012	BOP	
Mumbai	152	2012	Tata Institute of Social Sciences	
New York	721	2012	Alliance for the Arts/NYC-ARTS & Art Dealers Association of America/Art-Collecting.com	
Paris	1,046	2012	Tram/Pages jaunes	
Shanghai	208	2010	SMCBFTA/OSCS2011/STA	
Singapore	252	2012	BOP	
Sydney	122	2012	Museums & Galleries NSW Directory/BOP	
Tokyo	688	2011	Tokyo Metropolitan Government. Bureau of Citizens and Cultural Affairs/2011 Bijutsu-Nenkansha/NLI Research Institute	

City	Figure	Date	Source	Notes
Specialist public cultural HE establishments				
Berlin	5	2012	Das Bildungs-und Studenten-Portal	
London	11	2010	HESA (2011)	
Mumbai	18	2012	Tata Institute of Social Sciences	
Paris	30	2010	Ministère de la Culture et de la communication (DEPS)	
São Paulo	2	2012	UNESP - Instituto de Artes e Música and USP - Escola de Comunicação e Artes	
Shanghai	5	2010	Shanghai Education Statistics Manual 2011	
Sydney	2	2012	universitiesaustralia.edu	
Tokyo	1	2012	NLI Research Institute	
Specialist private cultural HE establishment				
Berlin	12	2012	Berlin.de/Movie-college.de	
Johannesburg	24	2012	VANSA	
London	46	2012	BOP	
New York	12	2011	Center for an Urban Future	
Paris	73	2011	L'Etudiant/IAU Ile-de-France (Visiaurif)	
São Paulo	4	2012	Prefeitura de São Paulo	
Shanghai	18	2011	Shanghai Municipal Education Commission	
Singapore	2	2012	Ministry of Education - Education Statistics Digest 2011	
Sydney	20	2012	universitiesaustralia.edu	
Tokyo	16	2012	NLI Research Institute	

City	Figure	Date	Source	Notes
No. of students of specialist Art & Design public institutions				
Berlin	5,091	2009	Das Bildungs-und Studenten-Portal	
London	34,920	2010	HESA (2011)	
Mumbai	1,375	2011	Tata Institute of Social Sciences	
Paris	14,024	2010	Ministère de la culture et de la communication/Manufacture nationale de Sèvres/CCIP	
Shanghai	13,324	2010	SESM2011	
Sydney	15,571	2010	National institute of dramatic arts/National Art School	
Tokyo	24,120	2011	Tokyo Metropolitan Government, Bureau of Citizens and Cultural Affairs/NLI Research Institute	
No. of students of Art & Design degree courses at generalist universities				
Istanbul	774	2010	Ministry of Culture and Tourism Istanbul Visual Arts Report	
Johannesburg	9,066	2010	Department of Higher Education	
London	15,745	2010	HESA (2011)	
Shanghai	43,501	2012	Shanghai Municipal Education Commission	
Singapore	7,660	2010	National Arts Council - Singapore Cultural Statistics 2011	
Sydney	13,972	2010	Australian Government Department of Education, 2010 Students Higher Education Statistics	
Tokyo	25,444	2011	Tokyo Metropolitan Government, Bureau of Citizens and Cultural Affairs/NLI Research Institute	
No. of non-professional dance schools				
Berlin	104	2012	Gelbe Seiten	
Istanbul	98	2012	Yellow Pages	
Johannesburg	36	2012	VANSA	
London	618	2012	Yell	
New York	682	2012	NYC Performing Arts Spaces	
Paris	715	2012	Pages jaunes	
São Paulo	29	2012	Guia São Paulo	
Shanghai	438	2012	Dianping.com	
Singapore	89	2012	Eguide Singapore Business Directory	
Sydney	441	2012	Yellow Pages	
Tokyo	748	2012	Nippon Telegraph and Telephone Corporation/NLI Research Institute	

City	Figure	Date	Source	Notes
Cinemas				
Berlin	94	2011	Filmförderungsanstalt	
Istanbul	118	2010	Ministry of Culture and Tourism Istanbul Film Industry Report	
Johannesburg	47	2012	NFVF/VANSA	
London	108	2010	BFI Statistical Yearbook 2011	
Mumbai	105	2012	Tata Institute of Social Sciences	
New York	117	2012	Cinematreasures.org / mrmovietimes.com	
Paris	302	2010	CNC	
São Paulo	45	2011	ECINE	
Shanghai	230	2012	SMCBFTA	
Singapore	34	2010	BOP	
Sydney	67	2011	Movie Fix	
Tokyo	82	2010	Industrial Statistics Office, Research and Statistics Department, Economic and Industrial Policy Bureau, Ministry of Economy, Trade and Industry	
Cinema screens				
Berlin	266	2011	Filmförderungsanstalt	
Istanbul	501	2010	Ministry of Culture and Tourism Istanbul Film Industry Report	
Johannesburg	368	2012	NFVF/VANSA	
London	566	2010	BFI Statistical Yearbook 2011	
Mumbai	232	2012	Tata Institute of Social Sciences	
New York	501	2012	Cinematreasures.org / mrmovietimes.com	
Paris	1003	2010	CNC	
São Paulo	282	2011	ECINE	
Shanghai	670	2010	Shanghai Yearbook 2011	
Singapore	239	2010	BOP	
Sydney	295	2012	Movie Fix/Screen Australia	Figure estimated from regional figure
Tokyo	334	2010	Industrial Statistics Office, Research and Statistics Department, Economic and Industrial Policy Bureau, Ministry of Economy, Trade and Industry	

City	Figure	Date	Source	Notes
No. of cinema screens per million population				
Berlin	77	2011	Filmförderungsanstalt	
Istanbul	38	2010	Ministry of Culture and Tourism Istanbul Film Industry Report	
Johannesburg	33	2012	NFVF / VANSA	
London	73	2010	BFI Statistical Yearbook 2011	
Mumbai	19	2012	Tata Institute of Social Sciences	
New York	61	2012	Cinematreasures.org / mrmovietimes.com	
Paris	85	2010	CNC	
São Paulo	25	2011	ECINE	
Shanghai	28	2010	Shanghai Yearbook 2011	
Singapore	47	2010	BOP	
Sydney	64	2012	Movie Fix / Screen Australia	Figure estimated from regional figure
Tokyo	25	2010	Industrial Statistics Office, Research and Statistics Department, Economic and Industrial Policy Bureau, Ministry of Economy, Trade and Industry	
No. of films given theatrical release in the country in a year				
Berlin	508	2010	Spitzenorganisation der Filmwirtschaft Filmstatistisches Jarbuch 2011	
Istanbul	254	2009	Ministry of Culture and Tourism – 'Istanbul Film Industry Report'	
Johannesburg	203	2011	NFVF	
London	557	2010	BFI Statistical Yearbook 2011	
Mumbai	3,781	2010	Central Board of Film Certification (CBFC), Mumbai, Annual Report 2010	
New York	610	2011	Motion Picture Association of America	
Paris	575	2010	CNC	
São Paulo	303	2010	ECINE	
Shanghai	252	2011	STA	
Singapore	352	2009	Screen Digest	
Sydney	342	2011	Screen Australia	
Tokyo	799	2011	Motion Picture Producers Association of Japan	

City	Figure	Date	Source	Notes
No. of foreign films given theatrical release in the country in a year				
Berlin	315	2010	Spitzenorganisation der Filmwirtschaft Filmstatistisches Jarbuch 2011	
Istanbul	184	2009	Ministry of Culture and Tourism Istanbul Film Industry Report	
Johannesburg	21	2011	NFVF	
London	438	2010	BFI Statistical Yearbook 2011	
Mumbai	298	2010	Central Board of Film Certification (CBFC), Mumbai, Annual Report 2010	
Paris	305	2010	CNC	
São Paulo	228	2010	ECINE	
Shanghai	60	2011	Filmsh	
Sydney	306	2011	Screen Australia	
Tokyo	358	2011	Motion Picture Producers Association of Japan	
Film festivals				
Berlin	33	2012	Berlin.de	
Istanbul	35	2010	Ministry of Culture and Tourism Istanbul Music Industry Report	
Johannesburg	16	2012	NFVF / VANSA	
London	61	2011	British Council	
Mumbai	6	2011	Tata Institute of Social Sciences	
New York	57	2012	NYC.gov	
Paris	190	2010	Drac Ile-de-France	
São Paulo	29	2011	ECINE	
Shanghai	2	2010	Shanghai Yearbook 2011	
Sydney	36	2012	Weekend Notes Sydney	
Tokyo	35	2012	Yamagata International Documentary Film Festival	

City	Figure	Date	Source	Notes
Bookshops				
Berlin	245	2012	Gelbe Seiten	
Istanbul	463	2012	Yellow Pages	
Johannesburg	1,020	2012	VANSA/SABDA	
London	802	2011	Booksellers Association	
Mumbai	525	2012	Tata Institute of Social Sciences	
New York	777	2012	Citysearch	
Paris	1,025	2011	le Motif	
São Paulo	869	2011	ANL	
Shanghai	1,322	2010	SCY2011	
Singapore	164	2012	Eguide Singapore Business Directory	
Sydney	439	2012	Yellow Pages	
Tokyo	1,675	2009	Nippon Shuppan Hanbai Inc	
Bookshops per 100.000 population				
Berlin	7	2012	Gelbe Seiten	
Istanbul	3	2012	Yellow Pages	
Johannesburg	9	2012	VANSA/SABDA	
London	10	2011	Booksellers Association	
Mumbai	4	2012	Tata Institute of Social Sciences	
New York	9	2012	Citysearch	
Paris	9	2011	le Motif	
São Paulo	8	2011	ANL	
Shanghai	15	2010	SCY2011	
Singapore	3	2012	Eguide Singapore Business Directory	
Sydney	10	2012	Yellow Pages	
Tokyo	13	2009	Nippon Shuppan Hanbai Inc	

City	Figure	Date	Source	Notes
Rare and second-hand bookshops				
Berlin	4	2012	Gelbe Seiten	
Johannesburg	943	2012	VANSA/SABDA database	
London	68	2011	Experian	
Mumbai	6	2012	Tata Institute of Social Sciences	
New York	99	2012	Citysearch	
Paris	282	2012	Pages jaunes	
São Paulo	90	2011	Guia Mais	
Shanghai	343	2012	kongfz.com	
Singapore	12	2012	Eguide Singapore Business Directory	
Sydney	93	2012	Yellow Pages	
Tokyo	681	2012	Japanese Association of Dealers in Old Books/NLI Research Institute	
No. of book titles published in the country in a year				
Berlin	93,124	2010	Borsenverein des Deutschen Buchhandels	
Istanbul	34,863	2010	Ministry of Culture and Tourism	
Johannesburg	3,653	2010	South African Publishers Association	
London	151,969	2010	The Booksellers Association/Nielsen Book	
Mumbai	82,537	2008	Federation of Indian Publishers	
New York	302,410	2009	Bowker	
Paris	74,788	2009	SNE	
São Paulo	57,600	2009	CBL	
Shanghai	328,387	2010	The General Administration of Press and Publication of the P. R. China	
Sydney	8,602	2005	Australian Bureau of Statistics	Figure for Australian Titles Only
Tokyo	78,501	2009	Japan Statistical Research and Training Institute, Ministry of Internal Affairs and Communications (MIAC)	

City	Figure	Date	Source	Notes
Night clubs, discos and dance halls				
Berlin	152	2012	Club Guide Berlin	
London	337	2011	Yell	
Mumbai	29	2012	Tata Institute of Social Sciences	
New York	584	2012	Citysearch	
Paris	190	2012	Time out Paris	
São Paulo	2,000	2011	Isto É - Dinheiro	Estimate
Shanghai	1,865	2011	STA	
Singapore	56	2012	Eguide Singapore Business Directory	
Sydney	75	2012	Yellow Pages	
Tokyo	73	2012	Time Out Tokyo	
No. of bars				
Berlin	1,247	2008	Amt für Statistik Berlin-Brandenburg	
Istanbul	657	2012	Yellow Pages	
London	2,143	2011	Yell	
Mumbai	543	2012	Yellow Pages	
New York	7,224	2012	New York State Liquor Authority	
Paris	3,350	2009	Synhorcat	
Shanghai	1,320	2012	s.baidu.com	
Singapore	576	2012	Eguide Singapore Business Directory Bars and Pubs	
Sydney	661	2011	NSW Government Licensing Service	
Tokyo	14,184	2012	Kakaku.com. Inc.	

City	Figure	Date	Source	Notes
Bars per 100,000 population				
Berlin	36	2008	Amt für Statistik Berlin-Brandenburg	
Istanbul	5	2012	Yellow Pages	
London	27	2011	Yell	
Mumbai	4	2012	Tata Institute of Social Sciences	
New York	88	2012	New York State Liquor Authority	
Paris	30	2009	Synhorcat/Insee	
Shanghai	6	2012	STA	
Singapore	11	2012	Eguide Singapore Business Directory Bars and Pubs	
Sydney	14	2011	NSW Government Licensing Service	
Tokyo	108	2012	Kakaku.com. Inc.	
No. of restaurants				
Berlin	4,885	2008	Amt für Statistik Berlin-Brandenburg	
Istanbul	1,508	2012	Yellow Pages	
Johannesburg	15,000	2012	FEDHASA/VANSA	Estimate
London	37,450	2011	Food Standards Agency	
Mumbai	13,205	2012	Brihanmumbai Municipal Corporation Diary	
New York	24,149	2012	New York City Department of Health Restaurant Inspection Information	
Paris	22,327	2010	Pôle emploi	
São Paulo	12,500	2011	SPTuris	
Shanghai	55,614	2012	Dianping.com	
Singapore	2,637	2010	Statistics Singapore	
Sydney	4,554	2011	NSW Government Licensing Service	
Tokyo	150,510	2009	Tokyo Metropolitan Government, Bureau of Social Welfare and Public Health	

City	Figure	Date	Source	Notes
No. of restaurants per 100.000 population				
Berlin	141	2008	Amt für Statistik Berlin-Brandenburg	
Istanbul	11	2012	Yellow Pages	
Johannesburg	133	2012	FEDHASA/VANSA	
London	478	2011	Food Standards Agency	
Mumbai	11	2012	Brihanmumbai Municipal Corporation Diary	
New York	295	2012	New York City Department of Health Restaurant Inspection Information	
Paris	189	2010	Pôle emploi	
São Paulo	111	2011	SPTuris	
Shanghai	237	2012	Dianping.com	
Singapore	51	2010	Statistics Singapore	
Sydney	99	2012	NSW Government Licensing Service	
Tokyo	1144	2009	Tokyo Metropolitan Government, Bureau of Social Welfare and Public Health	
No. of Michelin star restaurants				
Berlin	14	2012	Michelin Guide Website	
London	64	2012	Via Michelin	
New York	62	2012	Michelin Travel	
Paris	97	2012	Guide Michelin	
Tokyo	247	2012	Michelin Japan/NLI Research Institute	
No. of markets				
Johannesburg	37	2012	VANSA	
London	113	2008	The London Market Guide	
New York	100	2011	NYC Office of Citywide Event Coordination Management	
Paris	2,124	2010	Pôle emploi	
São Paulo	43	2011	Biblioteca Virtual	
Shanghai	262	2011	STA	
Sydney	30	2012	Local Market Guide Australia	

City	Figure	Date	Source	Notes
Festivals and celebrations				
Berlin	63	2012	Time Out Berlin	
Istanbul	136	2010	Ministry of Culture and Tourism Istanbul Music Industry Report	
Johannesburg	82	2012	VANSA	
London	254	2011	Visit London	
Mumbai	34	2012	Tata Institute of Social Sciences	
New York	309	2011	NYC Office of Citywide Event Coordination Management	
Paris	360	2011	Direction Régionale des Affaires Culturelles d'Ile-de-France	
Shanghai	33	2010	OSCS2011	
Sydney	312	2012	Weekend Notes Sydney	
Tokyo	485	2011	Tokyo Metro Co., Ltd. & Gurunavi, Inc.	
No. of international students studying in the city				
Berlin	21,805	2010	Amt für Statistik Berlin-Brandenburg	
Istanbul	6,643	2011	OSYM ('Öğrenci Seçme Yerleştirme Merkezi'/'Student Selection and Placement Center')	
Johannesburg	37,067	2010	Department of Higher Education and Training	
London	99,360	2010	UKCISA (UK Council for International Students Affairs)	
Mumbai	1,500	2011	Tata Institute of Social Sciences	
New York	60,791	2010	Institute of International Education	
Paris	96,782	2007	Ministère de l'éducation nationale, de l'enseignement supérieur et de la recherche	
São Paulo	15,432	2012	Prefeitura de São Paulo	
Shanghai	43,016	2010	Shanghai Yearbook 2011	
Singapore	91,500	2010	Immigration and Checkpoints Authority (ICA)	
Sydney	N/A	2008	City of Sydney Needs Assessment of International Students in the City of Sydney Report	Figure is not available for Sydney but for New South Wales with 180,000 international students, among which a very large majority study in Sydney
Tokyo	43,188	2011	Japan Student Services Organisation	

City	Figure	Date	Source	Notes
No. of video games arcades				
Istanbul	18	2010	Yellow Pages	
Johannesburg	11	2012	VANSA	
London	44	2012	Yell	
Mumbai	278	2012	Tata Institute of Social Sciences	
New York	17	2012	Citysearch	
Paris	14	2012	IAU Ile-de-France Estimate	
Shanghai	587	2010	OSCS2011	
Sydney	10	2012	Yellow Pages	
Tokyo	997	2010	National Police Agency	

Source: BOP Consulting (2012)

World cities cultural consumption and participation

City	Figure	Date	Source	Notes
Museums/galleries attendance - % working age population attending once per year				
Johannesburg	8%	2011	VANSA	
London	54%	2010	DCMS Taking Part Survey 2011	
Paris	43%	2008	Ministère de la culture et de la communication	
Shanghai	47%	2010	SSY2011	Figure includes both adults and children
Singapore	40%	2009	Population Survey of the Arts	Figure corresponds to Percentage of Singaporeans who have attended at least one arts event in the past year
Sydney	26%	2008	Australian Bureau of Statistics	
Tokyo	33%	2006	Japan Statistics Bureau, Ministry of Internal Affairs and Communications (MIAC) / NLI Research Institute	

City	Figure	Date	Source	Notes
No. of visits to Top five most visited museums & galleries				
Berlin	4,718,729	2010	Berlin.de	
Istanbul	7,131,480	2011	Istanbul Provincial Directorate of Culture and Tourism	
Johannesburg	676,208	2011	VANSA	
London	25,327,221	2011	DCMS	
Mumbai	1,800,895	2011	Tata Institute of Social Sciences	
New York	15,417,115	2011	DCA/The Art Newspaper	
Paris	23,416,427	2010	CRT Paris-Ile-de-France	
São Paulo	2,175,305	2012	Prefeitura de São Paulo	
Shanghai	6,633,392	2011	STA	
Singapore	2,734,900	2011	Monthly Digest of Statistics Singapore	
Sydney	2,844,063	2011	The Art Newspaper Exhibitions & Museum Attendance Figures 2011/ BOP Consulting	
Tokyo	9,732,107	2009	Tokyo Metropolitan Government, Bureau of General Affairs, Statistics Division, Management and Coordination Section. / NLI Research Institute	
No. of visits to top five museums & galleries per capita				
Berlin	1.36	2010	Berlin.de	
Istanbul	0.52	2011	Istanbul Provincial Directorate of Culture and Tourism	
Johannesburg	0.05	2011	primary consultation with museums and galleries	
London	3.2	2011	DCMS	
Mumbai	0.14	2011	Tata Institute of Social Sciences	
New York	1.89	2011	DCA/The Art Newspaper	
Paris	2	2009	CRT Paris-Ile-de-France / Insee	
São Paulo	0.19	2012	Prefeitura de São Paulo	
Shanghai	0.28	2011	STA	
Singapore	0.5	2011	Monthly Digest of Statistics Singapore	
Sydney	0.62	2011	The Art Newspaper, Exhibitions & Museum Attendance Figures 2011/ BOP Consulting	
Tokyo	0.75	2009	Tokyo Metropolitan Government, Bureau of General Affairs, Statistics Division, Management and Coordination Section / NLI Research Institute	

City	Figure	Date	Source	Notes
Average daily no. of visits to top five art exhibitions				
Berlin	1,653	2011	The Art Newspaper Exhibitions & Museum Attendance Figures 2011	
Istanbul	2,179	2011	The Art Newspaper Exhibitions & Museum Attendance Figures 2011	
London	4,011	2011	The Art Newspaper Exhibitions & Museum Attendance Figures 2011	
New York	5,783	2011	The Art Newspaper Exhibitions & Museum Attendance Figures 2011	
Paris	8,130	2010	CRT Paris-Ile-de-France/ IAU Ile-de-France	
São Paulo	3,182	2011	The Art Newspaper Exhibitions & Museum Attendance Figures 2011	
Shanghai	10,342	2010	STA	
Sydney	2,104	2011	The Art Newspaper Exhibitions & Museum Attendance Figures 2011	
Tokyo	6,258	2010	Seikatsu no Tomo Co. / NLI Research Institute	
No. of admissions at all theatres per year				
Berlin	2,378,818	2010	Kulturförderbericht 2011 des Landes Berlin	
Istanbul	2,358,146	2010	Turkish Statistical Institute - Cultural Statistics	
Johannesburg	1,700,000	2011	VANSA	
London	14,152,230	2010	SOLT	Figure only concerns members of The Society of London Theatre
Mumbai	2,673,563	2012	Mumbai Theatre Guide	
New York	28,187,344	2011	DCA/NYC & Co.	
Paris	5,700,000	2008	ASTP (Association pour le soutien au Théâtre privé)/IAU îdF	Figure only concerns private theatres
Shanghai	630,200	2010	OSCS2011	
Singapore	615,200	2010	National Arts Council - Singapore Cultural Statistics 2011	
Sydney	700,700	2008	Australian Bureau of Statistics	
Tokyo	12,011,000	2008	2009 Pia Research Institute	

City	Figure	Date	Source	Notes
No. of theatre admissions per capita per year				
Berlin	0.69	2010	Kulturförderbericht 2011 des Landes Berlin	
Istanbul	0.18	2010	Turkish Statistical Institute - Cultural Statistics	
Johannesburg	0.15	2011	VANSA	
London	1.8	2010	SOLT	Figure only concerns members of The Society of London Theatre
Mumbai	0.21	2012	Mumbai Theatre Guide	
New York	3.45	2011	DCA/NYC & Co.	
Paris	0.5	2008	ASTP/SACD/Ministère de la Culture et de la communication (DEPS)/Insee	Figure only concerns private theatres
Shanghai	0.27	2010	OSCS2011/STA	
Singapore	0.12	2010	National Arts Council - Singapore Cultural Statistics 2011	
Sydney	0.15	2008	Australian Bureau of Statistics	
Tokyo	0.93	2008	2009 Pia Research Institute	
Total value of theatre ticket sales at all theatres per year - $m (ppp)				
Berlin	$47,683,000	2009	Deutscher Buhnenverein - Bundesverband der Theater und Orchester	
Johannesburg	$13,722,800	2011	VANSA	Estimate
London	$765,817,351	2010	SOLT	Figure only concerns members of The Society of London Theatre
Mumbai	$41,214,166	2011	Tata Institute of Social Sciences	Figure estimated from average ticket price
New York	$1,080,894,119	2011	The League of American Theatres and Producers	Figure only concerns Broadway productions
Paris	$111,855,104	2009	ASTP/SACD/Ministère de la Culture et de la communication (DEPS)	Figure only concerns private theatres
Shanghai	$32,000,000	2010	OSCS2011/STA	
Singapore	$242,624	2009	Singapore Cultural Statistics 2011 - Economic Contribution of the Arts and Cultural Sector	
Sydney	$22,050,197	2008	Australian Bureau of Statistics & Live Performance Australia	Figure estimated from average ticket price
Tokyo	$777,637,196	2008	2009 Pia Research Institute / NLI Research Institute	

City	Figure	Date	Source	Notes
Total value of ticket sales at all theatres per capita per year - $m (ppp)				
Berlin	$13.78	2009	Deutscher Buhnenverein - Bundesverband der Theater und Orchester	
Johannesburg	$1.21	2011	VANSA	Estimate
London	$98	2010	SOLT	Figure only concerns members of The Society of London Theatre
Mumbai	$3.31	2011	Tata Institute of Social Sciences	Figure estimated from average ticket price
New York	$132	2011	The League of American Theatres and Producers	Figure only concerns Broadway productions
Paris	$34.58	2009	ASTP/SACD/Ministère de la Culture et de la communication (DEPS)	Figure only concerns private theatres
Shanghai	$1.36	2010	OSCS2011/STA	
Singapore	$0.05	2009	Singapore Cultural Statistics 2011 - Economic Contribution of the Arts and Cultural Sector	
Sydney	$4.82	2008	Australian Bureau of Statistics & Live Performance Australia	Figure estimated from average ticket price
Tokyo	$60.30	2008	2009 Pia Research Institute / NLI Research Institute	
No. of cinema admissions per year				
Berlin	9,126,793	2011	Filmförderungsanstalt	
Istanbul	10,272,528	2009	Ministry of Culture and Tourism Istanbul Film Industry Report	
Johannesburg	13,079,824	2007	National Film and Video Foundation	
London	41,571,000	2011	BFI Statistical Yearbook 2011	
Mumbai	10,974,667	2011	Tata Institute of Social Sciences	
Paris	58,246,000	2010	CNC	
São Paulo	50,000,000	2011	Organização Filme B	
Shanghai	22,878,000	2010	SCY2011	
Singapore	22,117,400	2011	Monthly Digest of Statistics Singapore	
Sydney	22,044,910	2010	Screen Australia/BOP Consulting	Figure estimated from Sydney cinema attendance rate and Sydney cinema attendance frequency
Tokyo	29,255,665	2010	Industrial Statistics Office, Research and Statistics Department, Economic and Industrial Policy Bureau, Ministry of Economy, Trade and Industry	

City	Figure	Date	Source	Notes
No. of cinema admissions per capita per year				
Berlin	2.6	2011	Filmförderungsanstalt	
Istanbul	0.8	2009	Ministry of Culture and Tourism Istanbul Film Industry Report	
Johannesburg	1.3	2007	National Film and Video Foundation	
London	5.3	2011	BFI Statistical Yearbook 2011	
Mumbai	0.9	2011	Tata Institute of Social Sciences	
Paris	4.9	2010	CNC	
São Paulo	4.4	2011	Organização Filme B	
Shanghai	1	2010	SCY2011	
Singapore	4.4	2011	Monthly Digest of Statistics Singapore	
Sydney	4.8	2010	Screen Australia/BOP Consulting	Figure estimated from Sydney cinema attendance rate and Sydney cinema attendance frequency
Tokyo	2.2	2010	Industrial Statistics Office, Research and Statistics Department, Economic and Industrial Policy Bureau, Ministry of Economy, Trade and Industry	
No. of admissions at main film festival				
Berlin	484,860	2011	Berlinale Official Website	Berlin Film Festival
Istanbul	150,000	2010	Cultural Economy Compendium Istanbul 2010	Istanbul Film Festival
Johannesburg	7,500	2011	VANSA	Tricontinental Film Festival
London	132,000	2010	BFI	BFI London Film Festival
Mumbai	100,000	2011	Tata Institute of Social Sciences	Mumbai Film Festival
New York	410,000	2010	2011 Tribeca Film Festival Fact Sheet	Tribeca Film Festival
Paris	151,800	2011	Région Ile-de-France	Festival Cinéma en plein air au Parc de la Villette
São Paulo	250,000	2011	SP Cinema Festival	Sao Paulo International Film Festival
Shanghai	260,000	2010	Shanghai Yearbook 2011	Shanghai International Film Festival
Sydney	110,000	2011	If	Sydney Film Festival
Tokyo	121,010	2010	TIFFCOM 2010 Market Report	Tokyo International Film Festival

City	Figure	Date	Source	Notes
Total value of cinema ticket sales per year -$ (ppp)				
Berlin	$80,784,465	2011	Filmförderungsanstalt	
Istanbul	$75,685,429	2009	Ministry of Culture and Tourism Istanbul Film Industry Report	
Johannesburg	$102,724,956	2011	PricewaterhouseCoopers	Figure estimated from national figure
London	$363,300,448	2010	BFI Statistical Yearbook 2011	
Mumbai	$81,200,553	2011	Tata Institute of Social Sciences	
Paris	$416,083,793	2010	CNC	
São Paulo	$281,214,848	2011	Organização Filme B	
Shanghai	$238,196,000	2010	Shanghai Yearbook 2011	
Singapore	$156,094,945	2010	Singapore Film Commission	
Sydney	$156,918,900	2011	Screen Australia & Australian Bureau of Statistics	Figure estimated from regional figure
Tokyo	$351,024,091	2010	Industrial Statistics Office, Research and Statistics Department, Economic and Industrial Policy Bureau, Ministry of Economy, Trade and Industry / NLI Research Institute	
Total value of cinema ticket sales per capita per year -$ (ppp)				
Berlin	$23	2011	Filmförderungsanstalt	
Istanbul	$6	2009	Ministry of Culture and Tourism, Istanbul Film Industry Report	
Johannesburg	$9	2011	PricewaterhouseCoopers	Figure estimated from national figure
London	$46	2010	BFI Statistical Yearbook 2011	
Mumbai	$3.46		Tata Institute of Social Sciences	
Paris	$6	2010	CNC	
São Paulo	$25	2011	Organização Filme B	
Shanghai	$10	2010	Shanghai Yearbook 2011	
Singapore	$31	2010	Singapore Film Commission	
Sydney	$34	2011	Screen Australia & Australian Bureau of Statistics	Figure estimated from regional figure
Tokyo	$27	2010	Industrial Statistics Office, Research and Statistics Department, Economic and Industrial Policy Bureau, Ministry of Economy, Trade and Industry / NLI Research Institute	

City	Figure	Date	Source	Notes
Estimated attendance at main carnival/festival				
Berlin	1,360,000	2011	Karneval der Kulturen Official Website	Karneval der Kulturen
Johannesburg	67,829	2011	COJ Report: November 2011	Arts Alive
London	1,500,000	2011	Metropolitan Police	Notting Hill Carnival
Mumbai	2,000,000	2011	Tata Institute of Social Sciences	Ganesha Utsav
New York	2,500,000	2010	Macy's	Macy's Thanksgiving Day Parade
Paris	1,500,000	2010	CRT Paris-Ile-de-France	Nuit Blanche
São Paulo	4,000,000	2012	SP Turis	Carnaval
Shanghai	3,060,000	2010	SCY2011	Shanghai International Arts Festival
Sydney	653,000	2011	Sydney Festival Annual Review 2011	Sydney Festival
Tokyo	1,270,000	2010	Taito City	Sanja Matsuri
Estimated attendance at main carnival/festival as % of city population				
Berlin	39.60%	2011	Karneval der Kulturen Official Website	Karneval der Kulturen
Johannesburg	0.60%	2011	COJ Report: November 2011	Arts Alive
London	19%	2011	Metropolitan Police	Notting Hill Carnival
Mumbai	16.09%		Tata Institute of Social Sciences	Ganesha Utsav
New York	30%	2010	Macy's	Macy's Thanksgiving Day Parade
Paris	13%	2010	CRT Paris-Ile-de-France	Nuit Blanche
São Paulo	36%	2012	SP Turis	Carnaval
Shanghai	13%	2010	SCY2011	Shanghai International Arts Festival
Sydney	14.27%	2011	Sydney Festival Annual Review 2011	Sydney Festival
Tokyo	9.65%	2010	Taito City	Sanja Matsuri

City	Figure	Date	Source	Notes
No. of international tourists per year				
Berlin	2,871,000	2010	Amt für Statistik Berlin-Brandenburg	
Istanbul	8,057,879	2011	Istanbul Provincial Directorate of Culture and Tourism	
Johannesburg	3,988,335	2010	Gauteng Tourism Authority	
London	15,216,000	2011	Office for National Statistics	
Mumbai	2,195,000	2010	Euromonitor International's top city destinations ranking (2012)	
New York	8,380,000	2011	NYC & Co.	
Paris	13,300,000	2010	CRT Paris-Ile-de-France	
São Paulo	1,600,000	2011	SPTuris	
Shanghai	8,511,200	2010	SCY2011	
Singapore	11,641,700	2010	Department of Statistics Singapore	
Sydney	2,610,000	2010	Destination NSW	
Tokyo	5,940,000	2010	Tokyo Metropolitan Government, Bureau of Industrial and Labor Affairs	
No. of international tourists per year as % of city population				
Berlin	82.99%	2010	Amt für Statistik Berlin-Brandenburg	
Istanbul	59.10%	2011	Istanbul Provincial Directorate of Culture and Tourism	
Johannesburg	35.20%	2010	Gauteng Tourism Authority	
London	194.45%	2011	Office for National Statistics	
Mumbai	17.65%	2010	Euromonitor International's top city destinations ranking (2012)	
New York	102.51%	2011	NYC & Co.	
Paris	112.74%	2010	CRT Paris-Ile-de-France	
São Paulo	14%	2011	SPTuris	
Shanghai	36.26%	2010	SCY2011	
Singapore	224.58%	2010	Department of Statistics Singapore	
Sydney	57.04%	2010	Destination NSW	
Tokyo	45.10%	2010	Tokyo Metropolitan Government, Bureau of Industrial and Labor Affairs	

World cities contextual data

City	Figure	Date	Source	Notes
Geographical area size, sq. km				
Berlin	892	2010	Statistisches Bundesamt Deutschland	
Germany	357,124	2010	Statistisches Bundesamt Deutschland	
Istanbul	5,313	2010	Turkey's 2010 Statistical Yearbook	
Turkey	785,347	2010	Turkey's 2010 Statistical Yearbook	
Johannesburg	18,178	2012	VANSA	
South Africa	1,221,037	2012	VANSA	
London	1,572	2011	Office for National Statistics	
United Kingdom	242,560	2011	Office for National Statistics	
Mumbai	437.1	2012	Brihanmumbai Municipal Corporation Diary 2012	
India	3,287,263	2011	Government of India	
New York	1,214.40	2010	U.S. Census Bureau	
United States	3,531,905.43	2010	U.S. Census Bureau	
Paris	12,012	2012	IAU Ile-de-France	
France	543,965	2012	IAU Ile-de-France	
São Paulo	1,500	2011	Censo	
Brazil	8,514,877	2012	Censo	
Shanghai	6340.5	2010	Shanghai Yearbook 2011	
China	9,600,000	2010	National Bureau of Statistics of China(NBS)	
Singapore	710	2012	Department of Statistics Singapore	
Sydney	12,144.50	2006	Australian Bureau of Statistics	
Australia	7,617,930	2006	Australian Bureau of Statistics	
Tokyo	2,130	2012	Japan Statistical Yearbook 2012	
Japan	377,950	2012	Japan Statistical Research and Training Institute, Ministry of Internal Affairs and Commucniations (MIAC)	

City	Figure	Date	Source	Notes
Total population number				
Berlin	3,460,725	2010	Amt für Statistik Berlin-Brandenburg	
Germany	81,752,000	2010	Statistisches Bundesamt Deutschland	
Istanbul	13,624,240	2011	Turkish Statistical Institute	
Turkey	74,724,269	2011	Turkish Statistical Institute	
Johannesburg	11,328,203	2011	StatSA Mid Year Population Estimates 2011	
South Africa	50,586,757	2011	StatSA Mid Year Population Estimates 2011	
London	7,825,200	2010	Office for National Statistics	
United Kingdom	62,262,000	2010	Office for National Statistics	
Mumbai	12,432,830	2011	Brihanmumbai Municipal Corporation Diary 2012	
India	1,210,193,422	2011	Census 2011	
New York	8,175,133	2010	U.S. Census Bureau	
United States	308,745,538	2010	U.S. Census Bureau	
Paris	11,797,021	2010	Insee	
France	62,791,013	2010	Insee	
São Paulo	11,253,503	2011	Censo	
Brazil	198,000,000	2012	Censo	
Shanghai	23,474,600	2011	SMSB	
China	1,339,724,852	2010	NBS	
Singapore	5,183,700	2011	Department of Statistics Singapore	
Sydney	4,575,532	2010	Australian Bureau of Statistics	
Australia	22,342,000	2010	Australian Bureau of Statistics	
Tokyo	13,159,388	2010	Japan Statistical Yearbook 2012	
Japan	128,057,352	2010	Japan Statistical Research and Training Institute, Ministry of Internal Affairs and Communications (MIAC)	

City	Figure	Date	Source	Notes
% of total national country population living in the city				
Berlin	4.23%	2010	Amt für Statistik Berlin-Brandenburg	
Istanbul	18.23%	2011	Turkish Statistical Institute	
Johannesburg	22.4%	2011	StatSA Mid Year Population Estimates 2011	
London	12.65%	2010	Office for National Statistics	
Mumbai	1.03%	2011	Based on Census of India 2011 data	
New York	2.65%	2010	U.S. Census Bureau	
Paris	18.8%	2010	Insee, estimations de population	
São Paulo	5.68%	2011	Censo	
Shanghai	1.75%	2010	NBS	
Singapore	100%	2011	Department of Statistics Singapore	
Sydney	20.48%	2010	Australian Bureau of Statistics	
Tokyo	10.28%	2010	Japan Statistical Yearbook 2012	

City	Figure	Date	Source	Notes
Working age population				
Berlin	2,297,921	2010	Amt für Statistik Berlin-Brandenburg	
Germany	51,418,800	2010	Statistisches Bundesamt Deutschland	
Istanbul	10,420,392	2011	Turkish Statistical Institute	
Turkey	55,837,694	2011	Turkish Statistical Institute	
Johannesburg	6,833,217	2011	StatSA Mid Year Population Estimates 2011	
South Africa	27,060,086	2011	StatSA Mid Year Population Estimates 2011	
London	3,851,000	2010	Office for National Statistics	
United Kingdom	29,279,000	2011	Office for National Statistics	
Mumbai	8,643,303	2001	Census of India	
India	721,396,299	2001	Census of India	
New York	5,420,114	2010	U.S. Census Bureau	
United States	194,509,689	2010	U.S. Census Bureau	
Paris	7,250,499	2010	Insee	
France	36,861,457	2010	Insee	
São Paulo	6,720,000	2011	Censo	
Brazil	113,256,000	2012	Censo	
Shanghai	17,563,800	2010	SMSB	
China	939,683,011	2010	NBS	
Singapore	2,297,921	2010	Amt für Statistik Berlin-Brandenburg	
Sydney	3,157,117	2010	Australian Bureau of Statistics	
Australia	15,080,850	2010	Australian Bureau of Statistics	
Tokyo	8,739,000	2010	Japan Statistical Yearbook 2012	
Japan	80,731,000	2010	Japan Statistical Research and Training Institute, Ministry of Internal Affairs and Communications (MIAC)	

City	Figure	Date	Source	Notes
No. of households				
Berlin	1,988,500	2010	Amt für Statistik Berlin-Brandenburg	
Germany	40,301,000	2010	Statistisches Bundesamt Deutschland	
Istanbul	2,550,607	2000	Turkey's 2010 Statistical Yearbook	
Turkey	15,070,093	2000	Turkey's 2010 Statistical Yearbook	
Johannesburg	3,175,579	2007	Statssa: Community Survey 2007	
South Africa	12,500,609	2007	Statssa: Community Survey 2007	
London	3,109,657	2001	Census of Population 2001, Office for National Statistics.	
United Kingdom	26,258,000	2011	Office for National Statistics	
Mumbai	2,515,589	2011	Census of India	
India	192,671,808	2001	Census of India	
New York	3,047,249	2010	U.S. Census Bureau	
United States	114,235,996	2010	U.S. Census Bureau	
Paris	4,897,435	2008	Insee recensement de la population 2008	
France	26,614,970	2008	Insee recensement de la population 2008	
São Paulo	3,928,331	2011	Censo	
Brazil	59,500,000	2011	Censo	
Shanghai	8,251,200	2010	SMSB	
China	401,520,000	2010	NBS	
Singapore	1,146,200	2011	Department of Statistics Singapore	
Sydney	1,423,521	2006	Australian Bureau of Statistics	
Australia	7,144,096	2006	Australian Bureau of Statistics	
Tokyo	6,327,000	2010	Japan Statistical Yearbook 2012	
Japan	50,928,100	2010	Japan Statistical Research and Training Institute, Ministry of Internal Affairs and Communications (MIAC)	

City	Figure	Date	Source	Notes
Foreign born population %				
Berlin	13.23%	2010	Amt für Statistik Berlin-Brandenburg	
Germany	8.26%	2010	Statistisches Bundesamt Deutschland	
Turkey	1.9%	2010	UN	
Johannesburg	5.7%	2007	Statssa: Community Survey 2007	
South Africa	2.7%	2007	Statssa: Community Survey 2007	
London	30.80%	2010	Migration Observatory	
United Kingdom	12%	2010	Migration Observatory	
Mumbai	1.4%	2001	Tata Institute of Social Sciences	
India	0.52%	2005	UNESCAP Statistical Yearbook for Asia and the Pacific 2009	
New York	36.8%	2010	U.S. Census Bureau	
United States	12.7%	2010	U.S. Census Bureau	
Paris	12.4%	2008	Insee	
France	5.8%	2008	Insee	
Shanghai	0.89%	2010	NBS/STA	
China	0.08%	2010	NBS/STA	
Singapore	26.9%	2011	Department of Statistics Singapore	
Sydney	34.4%	2006	Australian Bureau of Statistics	
Australia	23.8%	2006	Australian Bureau of Statistics	
Tokyo	2.42%	2010	2010 Population Census of Japan	
Japan	1.29%	2010	Japan Statistical Research and Training Institute, Ministry of Internal Affairs and Communications (MIAC) / NLI Research Institute	

City	Figure	Date	Source	Notes
Education level -% with degree level or higher				
Berlin	39%	2010	Bildung in Berlin und Brandenburg 2010	
Germany	28.4%	2010	Bildung in Berlin und Brandenburg 2010	
Istanbul	9.23%	2010	Turkish Statistical Institute	
Turkey	11.8%	2010	Turkish Statistical Institute	
Johannesburg	32%	2010	State of the Cities Report 2011	
South Africa	24%	2010	State of the Cities Report 2011	
London	41.9%	2010	Office for National Statistics	
United Kingdom	31.2%	2010	Office for National Statistics	
Mumbai	N/A			
India	3.7%	2001	Census of India	
New York	33.3%	2010	U.S. Census Bureau	
United States	27.9%	2010	U.S. Census Bureau	
Paris	35.84%	2008	Insee	
France	28.57%	2008	Insee	
São Paulo	19%	2011	Censo	
Brazil	12%	2009	OECD	
Shanghai	42.92%	2010	SMSB	
China	14.03%	2010	NBS	
Singapore	22.8%	2010	Department of Statistics Singapore	
Sydney	34.96%	2006	Australian Bureau of Statistics	
Australia	33.7%	2006	Australian Bureau of Statistics	
Tokyo	25.5%	2010	Population Census of Japan	
Japan	17.64%	2010	Japan Statistical Research and Training Institute, Ministry of Internal Affairs and Communications (MIAC) / NLI Research Institute	

City	Figure	Date	Source	Notes
Average income per capita per year (ppp)				
Berlin	$14,544	2009	Amt für Statistik Berlin-Brandenburg	
Germany	$18,681	2009	Amt für Statistik Berlin-Brandenburg	
Istanbul	$10,576	2007	Turkey's 2010 Statistical Yearbook	
Turkey	$7,433	2007	Turkey's 2010 Statistical Yearbook	
Johannesburg	$11,591	2009	State of the Cities Report 2011	
South Africa	$7,165	2009	State of the Cities Report 2011	
London	$45,094	2010	Greater London Authority Income and Spending at Home Report	
United Kingdom	$38,715	2010	Office for National Statistics	
Mumbai	$6,839	2010	Economic Survey of Maharashtra 2010/2011	
India	$2,416	2010	Minsitry of Statistics and Programme Implementation	
New York	$30,498	2010	U.S. Census Bureau	
United States	$27,334	2010	U.S. Census Bureau	
Paris	$26,497	2008	Insee	
France	$22,154	2008	Insee	
São Paulo	$14,160	2011	Censo	
Brazil	$11,600	2011	Censo	
Shanghai	$5,472	2011	Xinhua Net	
China	$3,294	2011	CINIC	
Singapore	$47,180	2010	Singapore Yearbook of Statistics 2011	
Sydney	$33,285	2009	Australian Bureau of Statistics	
Australia	$29,643	2009	Australian Bureau of Statistics	
Tokyo	$55,766	2011	Basic Survey on Wage Structure 2011	
Japan	$44,085	2011	Wages and Labour Welfare Statistics Division, Ministry of Health, Labour and Welfare / NLI Research Institute	

City	Figure	Date	Source	Notes
Median gross weekly earnings (ppp)				
Istanbul	$108	2007	Turkey's 2010 Statistical Yearbook	
Turkey	$159	2007	Turkey's 2010 Statistical Yearbook	
Johannesburg	$184	2010	StatSA: Monthly Earnings of South Africans, 2010 (Labour Force Survey)	
South Africa	$140	2010	StatSA: Monthly Earnings of South Africans, 2010 (Labour Force Survey)	
London	$960	2010	Annual Survey of Hours and Earnings, Office for National Statistics	
United Kingdom	$745	2010	Annual Survey of Hours and Earnings, Office for National Statistics	
New York	$967	2010	U.S. Census Bureau	
United States	$998	2010	U.S. Census Bureau	
Paris	$513	2009	Insee	
France	$446	2009	Insee	
São Paulo	$262	2011	Censo	
Brazil	$214	2011	Censo	
Shanghai	$105	2011	Xinhua net/STA	
China	$63	2011	CINIC/STA	
Singapore	$696	2012	Singapore Comprehensive Labour Force Survey	
Sydney	$962	2008	Australian Bureau of Statistics	
Australia	$657	2011	Australian Bureau of Statistics	
Tokyo	$1,070	2011	Basic Survey on Wage Structure 2011	
Japan	$846	2011	Wages and Labour Welfare Statistics Division, Ministry of Health, Labour and Welfare / NLI Research Institute	

City	Figure	Date	Source	Notes
GDP (ppp)(million)				
Berlin	$80,000	2010	Amt für Statistik Berlin-Brandenburg	
Germany	$3,280,500	2010	World Bank	
Istanbul	$182,000	2008	PricewaterhouseCoopers	
Turkey	$678,913	2010	World Bank	
Johannesburg	$175,956	2011	StatSA report: P0441 - Gross Domestic Product (GDP), 3rd Quarter 2011	
South Africa	$521,748	2011	StatSA report: P0441 - Gross Domestic Product (GDP), 3rd Quarter 2011	
London	$565,000	2008	PricewaterhouseCoopers	
United Kingdom	$3,357,399	2010	World Bank	
Mumbai	$209,000	2008	PricewaterhouseCoopers	
India	$3,197,826	2010	World Bank	
New York	$1,406,000	2008	PricewaterhouseCoopers	
United States	$14,586,700	2010	World Bank	
Paris	$605,985	2009	Insee	
France	$2,054,371	2009	Insee	
São Paulo	$370,000	2011	Prefeitura de Sao Paulo	
Brazil	$2,284,000	2011	World Bank	
Shanghai	$289,899	2011	SMSB	
China	$7,128,290	2011	Government Work Report of Year 2012	
Singapore	$311,566	2011	Department of Statistics Singapore	
Sydney	$213,000	2008	PricewaterhouseCoopers	
Australia	$924,843	2010	World Bank	
Tokyo	$743,826	2009	Annual Report on Prefectual Accounts	
Japan	$4,218,873	2009	Economic and Social Research Institute, Cabinet Office, Government of Japan	

City	Figure	Date	Source	Notes
Creative industries employment				
Berlin	7.5%	2006	Statistisches Bundesamt Deutschland	
Germany	2.3%	2006	Statistisches Bundesamt Deutschland	
Johannesburg	4.5%	2008	Gauteng Creative Industries Mapping report	
South Africa				
London	12%	2007	GLA London's Creative Sector	
United Kingdom	5.1%	2011	DCMS	
Mumbai	16.01%	2005	Tata Institute of Social Sciences	
India	11.44%	2005	Tata Institute of Social Sciences	
New York	8%	2008	Americans for the Arts Creative Industries 2008 The 50 City Report	
United States	4.5%	2008	Americans for the Arts Creative Industries 2008 The 50 City Report	
Paris	8.8%	2008	IAU Ile-de-France/Insee	
France	3.93%	2008	IAU Ile-de-France/Insee	
Shanghai	7.38%	2010	Shanghai Economic Yearbook 2011	
Singapore	0.82%	2009	Singapore Cultural Statistics 2011 Economic Contribution of the Arts and Cultural Sector	
Sydney	5.3%	2010	NSW Government	
Australia	3.8%	2006	Australian Bureau of Statistics	
Tokyo	11.2%	2006	Yoshimoto, M. (2009) 'Creative Industry Trends - The Creative-Industry Profiles of Japan's Ordinance-Designated Cities', NLI Research Report	
Japan	4%	2006	NLI Research Institute	

Source: BOP Consulting (2012)

附录4：世界城市（上海）文化论坛

"世界城市（上海）文化论坛2012"由上海戏剧学院主办，上海戏剧学院大都市文化观测研究中心（MCAC）、英国BOP文化创意产业咨询公司承办。

4月20日，星期五
9:00am–10:00am：开幕式
于 平，中华人民共和国文化部文化科技司司长
楼 巍，上海戏剧学院党委书记
朱金海，上海市人民政府发展研究中心副主任
贾斯汀·西蒙斯（Justine Simons），大伦敦市政府文化战略部长
保罗·欧文斯（Paul Owens），BOP文化创意产业咨询公司创始人、总裁，《世界城市文化》项目负责人

10:00am–11:20am：主旨演讲
主题：世界城市的文化财富
约翰·霍金斯（John Howkins），英国著名创意经济学家，上海戏剧学院客座教授
安迪·普瑞特教授（Andy Pratt），伦敦国王学院文化、媒体与创意产业中心主任
黄昌勇教授，上海戏剧学院副院长
凯特·D·莱文（Kate D. Levin），纽约市政府文化事务部部长

11:40pm–12:20pm：
世界城市文化观测报告（1）
东京：一个全球创意城市的未来模式
今村有策（Yusaku Imamura），东京都政府知事特别事务参赞
巴黎：丰厚的文化底蕴与文化活力的交汇之地
奥迪勒·苏拉德（Odile Soulard）和卡琳·卡莫（Carine Camors），IAU巴黎大区区域经济部经济学家

2:00pm–3:20pm
世界城市文化观测报告（2）
伦敦：今夏与众不同？
贾斯汀·西蒙斯（Justine Simons），大伦敦市政府文化战略部部长
孟买文化创意产业：潜力与挑战并存
阿卜杜尔·沙班（Abdul Shaban），印度塔塔社会科学院发展研究中心教授

3:50–5:30pm：
世界城市文化观测报告（3）
上海：融东西文化迈向国际文化大都市
郭梅君，上海戏剧学院约翰·霍金斯创意产业研究中心副主任
伊斯坦布尔文化述评
埃斯玛·菲鲁泽·居于克（Esma Firuze Küyük），伊斯坦布尔文化旅游局办公室

4月21日，星期六
9:00am–10:20am：
世界城市文化观测报告（4）

纽约与世界城市文化报告

唐纳·克伦（Donna Keren），纽约市旅游事业研究分析局高级副总裁

反思非洲大都市语境下的文化基础设施建设——以约翰内斯堡和高腾城市—地区为例

约瑟夫·盖拉尔德（Joseph Gaylard），南非视觉艺术网络主任，约翰内斯堡办公室

10:50am–11:50am：
伦敦奥运文化峰会筹备会

11:50am–12:00pm：
世界城市（上海）文化论坛2012闭幕式

附录5：政策问题列表

1. 你所在的城市负责文化决策的主要机构是什么（不同区域级别的政府、其他公共部门、经济发展机构、私营组织等）？

【请列出你所在的城市里最重要的参与者并简述它们的作用。不超过200个词】

2. 哪些是你所在城市文化政策优先考虑的主要推动因素？请按优先级别排序。这些优先事项在你所在国家的国家政策中有所体现吗？

—文化参与的价值　　—文化遗产
—旅游　　　　　　　—经济发展
—社会发展　　　　　—外交/文化交流
—城市营销　　　　　—国家建构
—其他（详细说明）

【请按优先级别将上述条目排序，然后用一个简短的评论解释你的优先事项。不超过500个词】

3. 你所在城市的文化部门里有哪些主要发展（正在发生或计划在不久的将来发生的）？可以从以下几个方面来做答：

—文化基础设施（包括建筑物和机构）
—节庆/重大活动项目
—文化劳动力方面的支持计划
—其他

【对上述领域（如果相关的话）或其他领域的主要发展作简短的描述。不超出200个单词】

4. 你所在的城市目前或不久的将来会举办任何重大的举措或活动（如，奥林匹克运动会、世界博览会、联合国教科文组织列入项目、欧洲文化之都列入项目等）吗？如果是，为什么你认为这些重大举措或活动会影响你所在城市的整体文化供给和文化参与？【请进行简要点评。不超过200个词】

5. 你认为"非正式的、非主流的"活动（如咖啡馆里的摄影展）在你所在城市的文化生活中起到什么作用？相对于"正式的"文化部门来说，你认为这种"非主流的"经济所作的贡献有多重要？【列举一些你所在城市里特别重要的"非正式的、非主流"活动的例子，并简要点评。不超过500个词】

6. 你认为如何确保文化部门长期、稳定的发展？【请简要点评你关注的或者在发展一个更可持续的文化部门方面需要支持的关键领域。不超过500个词】

7. 你认为你所在城市的关键文化资产是什么（这里的"资产"并不限于文化基础设施，同样可以包括劳动力、子行业、结构、组织和流程）？【请进行简要点评。不超过500个词】

8. 你认为开发你所在城市的文化资产面临的关键性挑战是什么（经济的、社会的、组织结构的/政府的还是政治的）？【请进行简要点评。不超过500个词】

9. 你认为你所在城市的文化供给的独特之处何在？【请给出一个你认为是独特的关键特点并简要解释你这样选择的理由。可以是具体的重大活动或举措，或文化生活/领域的另其他因素。不超出200个词】

鸣 谢

《世界城市文化报告2012》是一项关于城市文化和未来的全球性倡议，该计划由伦敦市市长和大伦敦市政府发起。

2012世界城市（上海）文化论坛由上海戏剧学院大都市文化观测研究中心（MCAC）主办。

本报告由BOP文化创意产业咨询公司（wwwbop.co.uk）撰稿，具体成员有：

保罗·欧文斯（Paul Owens）

克里斯·吉本（Chris Gibbon）

乌尔丽克·柯克莱（Ulrike Chouguley）

马修·普林（Matthieu Prin）

理查德·奈洛尔（Richard Naylor）

合作者有：

安迪·普瑞特教授（Prof. Andy Pratt）（伦敦国王学院）

凯特·奥克利教授（Prof. Kate Oakley）（利兹大学）

本报告同时得到以下项目顾问的宝贵支持：

艾伦·弗里曼（Alan Freeman）（伦敦城市大学）

黄昌勇教授（Prof. Changyong Huang）（上海戏剧学院）

戴夫·亚当（Dave Adam）（全球城市）

约翰·霍金斯（John Howkins）

BOP特此鸣谢英国文化协会，特别是合作城市地方办事处的建议和支持。

由弗雷泽·穆格利奇（Fraser Muggeridge）工作室设计

本报告由以下合作伙伴共同完成：

© 伦敦市长办公室
ISBN: 978-1-847 Prin 81-515-6

MAYOR OF LONDON

译后记

《世界城市文化报告》（World Cities Cultural Audit，简称WCCA）是一个全球性关注世界城市文化研究和城市未来发展的国际网络，也是一份关于世界城市文化资产和文化发展研究成果，是由全球多个世界城市的政府、大学或研究机构共同构建的一个知识交流、资源共享和城市推广的平台。该项目由伦敦市长和大伦敦政府于2007年发起，英国BOP文化创意产业咨询公司与英国伦敦国王学院、全球城市研究机构共同承担研究，第一轮研究选择了伦敦、纽约、上海和东京四个城市，并于2008年发布了《世界城市文化报告2008》，对上述城市的文化发展和城市竞争力进行比较研究。在此基础上，伦敦市长办公室希望世界城市网络中的各个城市都能积极参与，建立一个全球性研究团队，每个城市研究者盘点各自的文化资源和文化资产并积极参与共同研究。

2010年，《世界城市文化报告2012》研究启动，研究对象扩大到12个世界城市，上海再次入选。

上海戏剧学院是上海城市文化建设中的一支重要力量。2011年初，学校筹备成立大都市文化观测研究中心（Metropolitan Culture Audit Centre，简称MCAC），目标是站在国际前沿，研究世界城市文化发展，建立世界城市文化研究数据库。2011年10月，我收到伦敦市长鲍里斯·约翰逊（Boris Johnson）的来信，邀请我作为《世界城市文化报告》项目顾问，带领研究团队加入世界城市文化网络，参与《世界城市文化报告》的撰写，来信还邀请我参加2012年伦敦奥运文化峰会，由此，上海戏剧学院大都市文化观测研究中心迅速与国际接轨并共享难得的国际资源。

加入世界城市文化网络，将共享全球大多数世界城市文化研究资源，建设一个全球性文化研究与交流平台，有利于上海乃至中国城市文化研究直接与国际前沿对接，并为全球学术的多元性提供上海文化发展的经验。

2012年4月19日至21日，世界城市（上海）文化论坛在上海召开，论坛由上海戏剧学院主办，上海戏剧学院大都市文化观测研究中心和英国BOP文化创意产业咨询公司共同承办。会议邀请了来自伦敦、纽约、巴黎、东京、孟买、圣保罗、伊斯坦布尔及约翰内斯堡等8个城市的文化官员和学者参加。

上海戏剧学院联合同济大学等机构组成跨校研究团队，在现有公开资料和政府网站资源基础上，经过调查研究，形成了上海文化发展报告部分，在会议上进行了交流。

我代表主办单位与英国著名创意经济学家约翰·霍金斯（John Howkins）、伦敦国王学院文化、媒体与创意产业中心主任安迪·普瑞特（Andy Pratt）、纽约市政府文化部部长凯特·D.莱文（Kate D. Levin）、东京都政府知事特别事务参赞今村有策（Yusaku Imamura）、巴黎区域经济部经济专家奥迪勒·苏拉德（Odile Soulard）分别就世界城市文化发展问题发表主旨演讲。

20日下午和21日上午两个单元，包括上海在内的9个城市代表就各自城市文化发展状况进行汇报交流。与会专家研讨了世界城市文化的发展趋势与走向，力求对世界城市文化进行追踪、研究与评价，致力于世界城市文化的发展、繁荣与创新。会议还就全球12个城市共同参与形成的《世界城市文化报告2012》初稿进行讨论，提出了修订意见。

在21日的闭幕式上，与会9个城市代表决定在2012年伦敦奥运文化峰会上正式发布《世界城市文化报告2012》，并将以每3年为一个周期发布一次。

这次会议的成功召开得到了合作方的高度评价，与会的大伦敦市政府文化战略部长贾斯汀·西蒙斯（Justine Simons）回到伦敦后写来感谢信，认为这次会议的成功举办对2012年的世界城市文化报告具有重要的推动作用。

上海戏剧学院成立大都市文化观测研究中心并积极回应世界城市文化发展网络平台，是基于对目前我国城市文化研究并不乐观的现状。在国家文化大发展大繁荣和上海建设国际文化大都市的战略中，学术界对文化特别是世界城市文化的研究与现实发展的需求极不适应，客观地说，在我国，对世界城市文化发展的研究还很不够，尤其是比较或对标研究的视野还很狭窄，很多著作、报告、论文的引用数据和案例要么陈旧要么不够准确、权威。因而，目前最为紧缺的是对世界城市定量研究，特别是数据的收集和占有，亟须建设世界城市文化数据库。上海戏剧学院大都市文化观测研究中心加入世界城市文化网络，参与世界城市文化的研究并共享网络资源，将联合其他高校、科研机构，搭建研究平台，力求建成一个在国内外有影响力的文化智库，在积极参与《世界城市文化报告》研究的同时，还将研发中国城市文化发展指标体系，启动《中国城市文化发展报告》，为上海创新驱动、转型发展和国际文化大都市建设提供决策服务，积极推进中国城市文化发展研究。

　　能够参与这样一个高端的国际性的文化网络平台，我们要特别感谢约翰·霍金斯（John Howkins）教授，是他在一次交流中提出参与这样一个研究平台的建议，而这一倡议恰好与我近年对城市文化研究的一些想法相契合，在上海市高校085专项经费的支持下，英国合作方作出了积极的回应，我们共同成功地举办了2012年度的世界城市（上海）文化论坛。

　　本书的中译本是我们研究团队联合工作的成果，在翻译的过程中，我们与英国BOP文化创意产业咨询公司总裁、《世界城市文化报告》负责人保罗·欧文斯（Paul Owens）先生多次通过邮件对遇到的问题进行讨论，2012年12月，翻译小组利用保罗·欧文斯先生以及其他几位外国专家来到上海的机会，就翻译中的问题和难点面对面地进行了讨论，力求翻译达到准确无误。但是，由于水平所限，本书的翻译肯定还存在不足，希望得到读者们的批评指正。

　　参与翻译和校对除署名外，还有徐一文、肖湘宁、林黎、黄墨寒、龚韵霁、唐芳和成啸等，郭梅君博士在整个项目中的联络沟通起了重要的作用，她还应邀赴伦敦参与了原著的研究工作，并与黄海博士主导了本译本的校对。对大家的协同努力在此表示衷心的感谢，侯卉娟承担了大量繁琐的统筹工作，同济大学出版社承担本书的出版工作，责任编辑封云、曾广钧，美术编辑那泽民、乔荣，以及丁会欣、余姗付出了艰苦的劳动，也在此一并致谢！

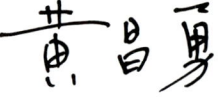

2013年7月28日